ENTERPRISE-LEVEL BLOCKCHAIN KEY TECHNOLOGIES AND TYPICAL APPLICATIONS IN THE ENERGY FIELD

企业级区块链关键技术及能源领域典型应用

黄　震　刘劲松◎主编

人民邮电出版社
北京

图书在版编目（CIP）数据

企业级区块链关键技术及能源领域典型应用 / 黄震，刘劲松主编. -- 北京 : 人民邮电出版社, 2022.4
ISBN 978-7-115-58594-3

Ⅰ. ①企… Ⅱ. ①黄… ②刘… Ⅲ. ①区块链技术－应用－能源工业－研究－中国 Ⅳ. ①F426.2-39

中国版本图书馆CIP数据核字(2022)第018120号

内容提要

本书系统深入地介绍了区块链技术的发展历程、发展现状、理论原理以及企业级区块链关键技术、优秀产品、先进算法、典型应用场景等。内容包括区块链国内外发展现状、企业级区块链定义及其特点、企业级区块链核心技术、区块链技术架构和应用架构发展趋势、思极链产品、“3060”双碳目标下的“区块链+”解决方案、九大应用场景等。

本书主要面向从事区块链技术研究和应用设计方向的高等院校师生、专业技术人员、管理人员。本书可供从事区块链关键技术攻关、算法优化改进和应用开发落地的工程人员作为基础专业图书使用，也可供学习区块链理论的高等院校相关专业师生阅读参考。

◆ 主　　编　黄　震　刘劲松
责任编辑　李彩珊
责任印制　马振武
◆ 人民邮电出版社出版发行　　北京市丰台区成寿寺路 11 号
邮编　100164　　电子邮件　315@ptpress.com.cn
网址　https://www.ptpress.com.cn
北京虎彩文化传播有限公司印刷
◆ 开本：700×1000　1/16
印张：14.5　　2022 年 4 月第 1 版
字数：236 千字　　2022 年 4 月北京第 1 次印刷

定价：119.80 元

读者服务热线：(010)81055493　印装质量热线：(010)81055316
反盗版热线：(010)81055315
广告经营许可证：京东市监广登字 20170147 号

本书编辑委员会

主　　编：黄　震　刘劲松

副 主 编：赵建保　吴　静　张春光　刘思革

　　　　　蒋　炜　王思宁　余秋霞　王函韵

成　　员：于　卓　颜　拥　郭少勇　潘　磊

　　　　　谢　可　周自强　刘　迪　钟雨辉

　　　　　韩嘉佳　王心妍　杨　超　李恩堂

　　　　　郑　华　沈　韬　崔　蔚　马军伟

　　　　　董爱强　冯志鹏　郝庆利　郝艳亚

　　　　　徐宏志　门进宝　吴晓亭　文　治

　　　　　薛泓林　吕　海　邵志妍　任富强

序 1

国家主席习近平在第七十五届联合国大会一般性辩论上提出的“3060”双碳目标，在《生物多样性公约》第十五次缔约方大会领导人峰会上指出的我国将要构建的碳达峰、碳中和“1+N”政策体系，为推动实现能源绿色低碳可持续发展提供了根本遵循和行动指南。实现碳达峰、碳中和，能源转型是关键，而能源互联网是推动能源转型和实现碳达峰、碳中和目标的核心措施。

能源互联网是一种互联网与能源生产、传输、存储、消费以及能源市场深度融合的能源产业发展新形态，支持能量与信息的高效传递，但是如何在能源互联网中构建信任机制，是能源行业和互联网行业向能源互联网转型中一直面临的难题和挑战。

区块链作为信任构建的代表性技术，在改造和提升传统产业结构、创建数字经济新形态、服务民生和社会治理等方面的重要作用，已经成为社会共识。通过打通数据可信传递链条，在光伏补贴、电力交易、需求侧响应、停电险、电子签章、供应链金融等领域，可实现流程智能审批、业务高效协同、数据透明溯源。在能源转型、“3060”双碳目标背景下，数据准确、有效获取是开展相关交易的前提，而区块链天然的可信沟通机制，极易惠及电网、发电企业、用户等相关利益方。

本书紧扣碳达峰、碳中和发展契机，以区块链技术为手段，形成适配企业级应用的区块链关键技术，如基于信誉度的联盟节点选举方法、强一致性共识设计、支持迁移的分域存储架构等，并围绕能源、政务、金融等典型领域，依托能源行业自主研发的区块链公共服务平台——思极链，形成了涵盖碳达峰、碳中和、能源补贴、需求侧响应、物资质检、智慧园区等在内的面向多领域、具有高价值应用的区块链解决方案，打造思极链系列产品助力能源区块链生态建设与“3060”双碳目标战略落地。

本书从实现角度深入剖析了企业级区块链关键技术，并详细阐述了能源领域区块链应用的一手案例，这些都将帮助读者更深刻地理解和掌握能源区块链的核心技术与应用原理，同时可以推动区块链技术在新能源交易和碳市场的融合创新，积极引导全社会形成清洁低碳的风尚，为催生共建共享的业务形态、推动新型电力系统建设注入强大动力。

主编：

序2

2020年9月22日，国家主席习近平在第七十五届联合国大会一般性辩论上提出：中国将提高国家自主贡献力度，采取更加有利的政策和措施，二氧化碳排放力争于2030年前达到峰值，努力争取2060年前实现碳中和。在《生物多样性公约》第十五次缔约方大会领导人峰会上，国家主席习近平发表主旨讲话提出：为推动实现碳达峰、碳中和目标，中国将陆续发布重点领域和行业碳达峰实施方案和一系列支撑保障措施，构建起碳达峰、碳中和“1+N”政策体系；中国将持续推进产业结构和能源结构调整，大力发展可再生能源。

“十四五”是碳达峰的关键期、窗口期，摆在首位的重点工作是构建清洁低碳安全高效的能源体系，控制化石能源消费总量，着力提高能源利用效能，实施可再生能源替代行动，深化电力体制改革，构建新型电力系统。国家电网有限公司围绕“一体四翼”战略布局，编制了碳达峰、碳中和行动方案，制定了构建新型电力系统行动方案，提出了一系列重要措施，并于2021年4月发布上线国家电网新能源云平台。新能源云是顺应能源革命与数字革命相融并进的趋势，充分考虑了我国能源资源禀赋特点、电网枢纽平台作用、负荷分布特点，立足于服务国家能源安全、服务能源转型、服务绿色发展与碳中和、服务构建新型电力系统，将新一代信息技术与新能源全价值链、全产业链、全生态圈的业务深度融合，聚集全数据要素，提高整体资源配置效率，打造中国特色国际领先的新能源数字经济平台。目前平台运行平稳，接入新能源场站超过250万座，服务产业链上下游企业超过1万家，打出了一套能源清洁低碳转型的“组合拳”。

区块链作为新一轮科技革命与产业变革的重要技术之一，具有去中心化、难以篡改等特点，能够在多主体参与下发挥至关重要的信任搭建作用，可以有效解决新能源数字经济平台和新能源生态圈的多主体互信问题。随着新能源的大规模开发利用，从顶层的规划建设到用户侧的运行维护，上下游业务数据信息不对等、协同效率低、难以确保其源头数据真实性等问题日益突出。整合新能源全产业链资源，利用区块链技术将新能源业务需求数据进行全流程上链，能够有效打破产业链上下游数据壁垒、实现多方协同；特别针对大量普通用户，可以提升用户黏性，促进生态正向激励，是实现我国新能源产业向规模化、集约化、系统化转型升级的创新突破。

本书介绍了能源行业自主研发的思极链，并在多年区块链应用建设成果的基础上，详述了区块链技术在新能源云、需求侧响应等能源领域的示范应用场景，对能源行业区块链落地应用提供可靠的理论与技术指引。本书内容对读者拓展能源区块链建设视野和思路很有帮助，对推动能源区块链应用建设具有积极作用，将为企业实现数字化转型、为国家实现“3060”双碳目标贡献新的力量。

主编：

前言

这是一本关于“3060”双碳目标和区块链技术的专业著作，致力于为构建新型电力系统提供理论与实践参考。区块链作为一种有效提高生产力的技术，具有公开透明、防篡改等特性，能够在新能源部署建设阶段，利用区块链金融属性，有效解决新能源企业厂商在建设初期重资产、投入周期长、回款慢等痛点，助力绿色能源生态圈构建。

目前，国家和地方纷纷出台区块链政策利好消息，掀起了区块链研究与投资热潮。历经盲目追捧的狂热，区块链技术逐渐进入低谷期。如何将区块链技术与实体行业有效结合，真正发挥信任基石的价值，以冷静客观的视角审视区块链技术，使其进入平稳上升的成熟期，是当下各行各业需要思考的重点。

我们在写作中秉承由理论到实践的思想，将全书分为五大章节。第一章介绍区块链国内外发展现状；第二章主要阐述企业级区块链的概念、核心技术及架构；第三章重点讲解自主研发的思极链产品发展历程和优势技术；第四章剖析“3060”双碳目标下“区块链+”解决方案的机遇；第五章以九大典型应用场景为例，设计区块链可行性方案，为各业务痛点提供去中心化解决思路。

本书在一年多的编写过程中，得到了行业内多位专家的精心指导以及其他各编写人员在工作之余的倾力帮助，在此深表谢意。同时，对人民邮电出版社精益求精的编辑团队表示感谢。

最后，希望本书能为读者了解区块链技术以及将区块链技术与实体行业结合提供思路，为国家“3060”双碳目标落地贡献微薄力量。

编者

2021 年 11 月于北京

目 录

第1章 区块链国内外发展现状

区块链作为去中心化解决技术的代表，通过巧妙集成点对点通信、密码学、共识机制、智能合约等多种成熟技术，为不可信网络中开展信息与价值可信传递提供可能。区块链技术有望像互联网一样重塑人类社会活动形态，推动信息互联网向价值互联网转变[1]。

本章首先介绍区块链的起源和国内外相关政策，然后总结区块链各平台的适用范围和优秀区块链平台，以及国内外典型的应用情况，最后对区块链在技术和应用领域的发展趋势进行预判，使读者对区块链有全方位的认知和了解。

1.1 区块链起源

（一）区块链技术概述

区块链技术起源于化名为“中本聪”（Satoshi Nakamoto）的学者在2008年发表的奠基性论文《比特币：一种点对点的电子现金系统》。与云计算、大数据、物联网等信息技术一样，区块链技术并不是创造出来的全新信息技术，而是以现有信息技术作为基础设施支撑，各种技术相互渗透发展形成的一种具有新业务特性的创新型技术。

狭义来讲，区块链是一种按照时间顺序将数据区块以顺序相连的方式组合起来的链式数据结构，并以密码学方式保证难以篡改和难以伪造的分布式账本。区块链本质上是一个去中心化的数据库，同时作为比特币的底层技术，是一串使用密码学方法产生的具有关联性的数据块，每一个数据块中包含了比特币网络交易的信息，用于验证其信息的有效性防伪并生成下一个区块，是一套以几乎无法伪造或篡改的方式构建而成的数据存储数学架构，可用于存储各类有价值数据。

广义来讲，区块链技术是利用块链式数据结构来验证与存储数据、利用分布式节点共识算法生成和更新数据、利用密码学的方式保证数据传输和访问的安全、利用由自动化脚本代码组成的智能合约来编程和操作数据的一种全新的分布式基础架构与计算范式。

区块链技术采用了类似于数据结构中链表的构成，可以从当前区块出发，按照链条顺序追溯到前面任何一个区块，从而使区块链具有前后顺序，体现了可追溯的特性。同时区块链技术基于密码学分布式协议，给予每一个参与节点平等的存储信息的权限，即每一个节点的信息都能够实时广播到网络中的其他节点，保证每一个节点都可以存储完整的信息，实现去中心化并且难以篡改。不同于以往的业务系统，区块链技术采用智能合约，不仅存储和传输数据，而且将与数据相关的业务逻辑一并存储和发送，实现了自主化、自动触发执行的灵活可编程服务。

作为一种去中心化分布式存储的对等可信网络，区块链是以比特币为代表的“数字加密货币”体系的核心支撑技术。区块链技术可以在节点无须互相信任的分布式系统中实现去中心化信用的点对点交易、协调与运作，从而为中心化机构普遍存在的高成本、低效率和数据存储不安全等问题提供解决方案，有望像互联网一样彻底重塑人类社会活动形态，并实现从目前的信息互联网向价值互联网的转变。

（二）区块链技术发展历程

（1）区块链 1.0——可编程“数字货币”

区块链技术随着比特币的产生而产生，其最初的应用范围完全聚集在“数字货币”上。比特币的出现第一次让区块链进入大众视野，而后产生了莱特币、以太币、狗狗币等“山寨”“数字货币”。“可编程货币”的出现，使得价值在互联网中直接流通成为可能[2]。区块链构成了一种全新的、去中心化的数字支付系统，毫无障碍地进行跨国支付以及低成本运营的去中心化体系，让这个系统变得魅力无穷。这样一种新兴“数字货币”的出现，强烈地冲击了传统的金融体系。

（2）区块链 2.0——可编程金融

受到“数字货币”的影响，人们开始将区块链技术的应用范围扩展到其他金融领域。其中基于区块链技术可编程的特点，人们尝试将“智能合约”的理念加入区块链，形成了可编程金融。有了合约系统的支持，区块链的应用范围扩大到涉及合约功能的其他金融领域。彩色币、比特币、以太坊、合约币等新概念的出现，让区块链技术得以在股票、清算、私募股权等众多金融领域崭露头角。目前，许多金融机构都开始研究区块链技术，并尝试将其运用于现实，现有的传统金融体系面临挑战。

（3）区块链 3.0——可编程社会

随着区块链技术的进一步发展，其“去中心化”功能及“数据防伪”功能在其他领域逐步受到重视。人们开始意识到，区块链的应用范围不用局限在金融领域，还可以扩展到任何有需求的领域中。于是，在金融领域之外，区块链技术又陆续被应用到了公证、仲裁、审计、物流、医疗、鉴证等其他领域中，应用范围扩大到了整个社会行业。在这一应用阶段，人们试图用区块链来颠覆互联网的最底层协议，并试图将区块链技术运用到物联网中，让整个社会进入智能互联网时代，形成一个可编程的社会。

1.2　区块链相关政策

2020 年，新型冠状病毒肺炎疫情倒逼全球各国和各行业的数字化进程加速，进而推动互联网服务也进一步升级：互联网服务不仅要满足个人用户的日常生活需求，更要逐渐满足包括工业制造企业在内的商业机构和大量公共部门的工作需要，即需要从消费互联网发展到产业互联网。而产业互联网的发展，对相关信息基础设施的可信、开放、敏捷、协作等能力的要求随之提高，并要求数据等生产要素能更合理地流动和配置。区块链恰好具备解决以上一系列难题的架构和方案，因此被寄予厚望，产业区块链的时代也渐渐拉开序幕，各国政府纷纷加强了对区块链技术的战略部署。

2020 年 10 月 15 日，美国白宫发布《关键与新兴技术国家战略》（National Strategy for Critical and Emerging Technology），该文档详细介绍了美国为保持全球领导力而强调发展的 20 项关键与新兴技术清单，分布式账本技术（类同于联盟链技术）就位列其中。而作为被提升到美国国家战略高度的技术，分布式账本技术预计将获得美国政府更多的人力和资本资源投入，相关的知识产权、研究、开发也将进一步加强。同月，美国众议员 Darren Soto 撰写的《数字分类法法案》（Digital Taxonomy Act （H.R.2154））和《区块链创新法案》（Blockchain Innovation Act （H.R. 8153））作为最新的《消费者安全技术法案》的一部分，已经美国众议院通过，并已被提交至美国参议院进行讨论。其中，《数字分类法法案》明晰了数字资产与数字单元（代币）的定义，并将责成联邦贸易委员会防止两者中的不公平交易行为；《区块链创新法案》则重点探讨区块链该如何应用于消费者保护场景，并提议加强区块链技术的商业与投资趋势、政企合作的最佳实践、对消费者保护的潜在好处与风险、如何用于减少商业欺诈、监管与创新的平衡等内容研究。

2020 年 9 月，欧盟委员会发布了一份全新的数字金融一揽子计划。该计划以 2018 年的《欧盟金融科技行动计划》和欧盟议会、欧盟监管当局等机构此前在数字领域的工作为基础，详细涵盖了数字金融战略、零售支付战略、加密资产立法建议和数字运营韧性立法建议 4 个方面。亚太地区，日本、韩国和新加坡等亦正在有条不紊地推进区块链产业的布局与发展。以新加坡为例，新加坡金融管理局（Monetary Authority of Singapore，MAS）推出的“监管沙盒”和“快捷沙盒”机制有利于合格的申请企业在 21 天内获准开展金融产品服务的创新测试，而新加坡知识产权局（Intellectual Property Office of Singapore，IPOS）则推动区块链专利申请流程提速，申请周期从 2 年缩短至 6 个月。

我国自 2019 年 10 月 24 日中央集体学习区块链技术以来，区块链就成为了中国核心技术自主创新的重要突破口。2020 年 4 月，国家发展改革委进一步明确将区块链纳入了“新基建”的范畴；随后，5 月的国务院《政府工作报告》提出，重点支持“两新一重”，即新型基础设施，新型城镇化，交通、水利等重大工程建设，其中“新基建”作为对冲经济增长速度放缓、重塑经济增长的重要抓手，将承担起中国经济新引擎的重要地位。据此，在中央层面的战略部署指引下，各地政府支持区块链产业发展的步伐也进一步加快，纷纷制定区块链产业发展规划、出台产业扶持政策和专项扶持资金政策等，我国区块链产业也因此得到了空前的政策支持力度。

此外，全国多个省市先后出台了区块链专项发展政策或规划，明确了具体的落地应用领域和行动指南。其中，较为重磅的省级区块链政策包括：2020 年 5 月，贵州以省人民政府的名义发布《关于加快区块链技术应用和产业发展的意见》；6 月，北京市人民政府办公厅印发《北京市区块链创新发展行动计划（2020—2022 年）》；8 月，广西壮族自治区数字广西建设领导小组发布《广西壮族自治区区块链产业与应用发展规划（2020—2025 年）》和《广西壮族自治区区块链产业与应用发展指导意见》；9月，广东省的7个政府部门联合印发《广东省培育区块链与量子信息战略性新兴产业集群行动计划（2021—2025年）》；11月，湖南省人民政府办公厅印发《湖南省区块链发展总体规划(2020—2025年)》。此外，江苏省工业和信息化厅、海南省工业和信息化厅、河北省委网络安全和信息化委员会办公室（简称网信办）等政府部门也出台了与区块链相关的专项行动计划或政策支持措施。

分行业来看，2020年以来，我国连续颁发多则促进区块链与各领域结合的政策信息，截至2021年11月，国务院办公厅、国家邮政总局、工信部、教育部、最高人民法院、央行等已相继发文，要求在多个应用领域结合区块链技术，涵盖供应链金融、邮政、物流、教育、司法、食品安全、交通、农业、制造业、城市管理、跨境金融等行业领域，几乎遍布国民经济的各个行业，充分显示出国家引导区块链融入实体产业的政策意图。国内区块链与具体行业的结合政策如图1-1所示。

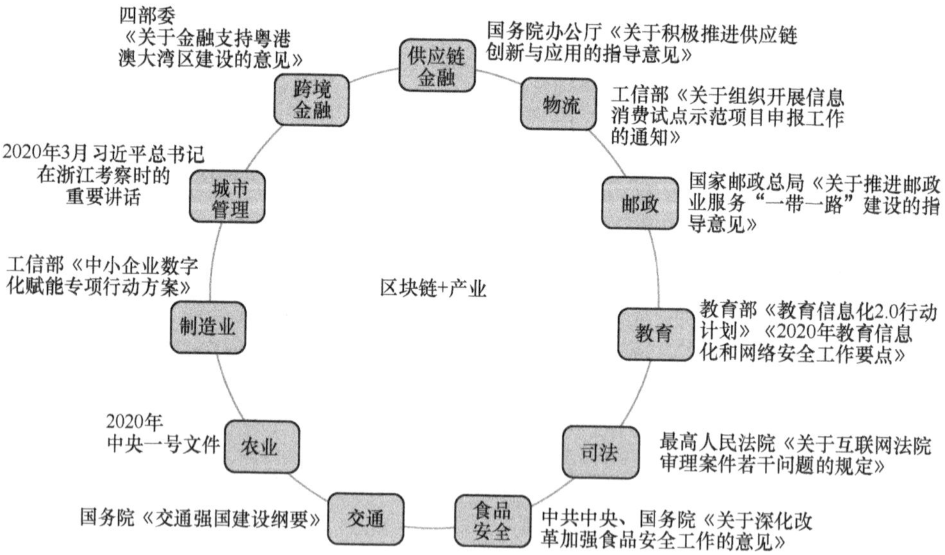

图1-1 国内区块链与具体行业的结合政策

由中国的政策趋向可见，中国早已开始对“虚拟货币”的清理工作，并加强鼓励引导区块链技术用于实体经济中，切实支持产业数字化和产业区块链的转型发展。这与境外不做引导、以致于区块链技术仍然较多用于支持“虚拟货币”、造成众多市场乱象的政策趋向有着较大的不同，值得境外的政策制定者思考与借鉴。

1.3　区块链分类与平台

1.3.1　区块链分类

区块链技术的分类也随着各方面的应用越来越清晰，区块链目前分为公有区块链、联盟区块链和私有区块链，其中联盟区块链和私有区块链可以认为是广义的私链[3]。

（1）公有区块链

公有区块链（以下简称公有链）是最早的区块链，也是目前应用最广泛的区块链，是指像比特币区块链完全去中心化的、不受任何机构控制的区块链。世界上任何个体或者团体都可以发送交易，且交易能够获得该区块链的有效确认，任何人都可以参与其共识过程。共识过程的参与者通过密码学技术以及内建的经济激励维护数据库的安全。

（2）联盟区块链

联盟区块链（以下简称联盟链）是多中心的，由某个群体内部指定多个预选的节点作为记账人，每个块的生成由所有的预选节点共同决定，其他接入节点可以参与交易，但不过问记账过程，其他任何人可以通过该区块链开放的 API 进行限定查询。联盟链的本质是分布式的托管记账，如何分配每个区块的记账权是联盟链所关注的重点问题。

（3）私有区块链

私有区块链（以下简称私有链）是指限制在一定范围内的区块链。外部节点不能加入区块链网络，私有链的各个节点的写入权限收归内部控制，而读取权限可视需求有选择地对外开放。

1.3.2 区块链平台

（1）优秀的公有链平台

公有链数量众多，除了众所周知的比特币系统，还有以太坊系统、商用分布式设计区块链操作系统（Enterprise Operation System，EOS）等多个主流公有链。

以太坊系统：Ethereum（以太坊）是由俄罗斯人维塔利克·布特林（Vitalik Buterin）于 2014 年创建的开源区块链平台，用户可以使用它创建和发布去中心化的应用程序。Ethereum 可以用来编程、分散、担保和交易任何事物，如域名、合同和大部分协议、知识产权等。以太坊实现了可以运行在虚拟机上的图灵完备的智能合约功能，与比特币相比，提升了系统交易性能，并且利用智能合约实现了可编程的金融。所有人不仅可以在以太坊上交易，还可以在以太坊上进行项目融资，可以进行任何形式的数字资产的交易。发展至今，以太坊系统经历过著名的 the DAO 事件，实行了硬分叉，在社区中活跃的开发人员和运营人员数量不断上升，在经历几个版本的更新后，现在已进入一个平稳发展的阶段。社区开发人员正在讨论将基于分布式股权权益证明思想的共识算法融合到以太坊中来，并且尝试利用分片技术进一步提升以太坊的交易性能。

EOS：EOS 是由丹尼尔·拉里默（Dan Larimer）发起的区块链项目，EOS 在设立之初的目的是解决当前区块链网络性能差、扩容困难、开发难度高、交易费用贵、安全性差、跨链差等问题，具有以下特点。

- 每秒百万级交易速度：EOS 白皮书称能够实现每秒百万级的处理量。目前比特币的交易速度是每秒 7 笔，以太坊的交易速度是每秒 30～40 笔。
- 免费使用：普通用户可以免费使用 EOS 网络。可以免费使用的区块链平台自然可能会得到更多的关注。有了足够的用户规模，开发者和企业可以创建对应的盈利模式。
- 对开发者友好的开源平台：EOS 为开发者提供了许多的底层模块，降低了开发者难度。这一点能吸引开发者到平台开发去中心化应用（Decentralized application，Dapp），利于平台展开生态发展。
- 跨链沟通零成本：EOS 公链内外，构建分布式应用程序和跨链消息传递机制，应用程序相互之间沟通无阻。

相比以太坊，EOS 采用所有权模式，这种模式下用户可以基于持有的 EOS Token 分享相应比例的网络带宽、存储与处理能力，小型初创企业和开发者们可以购买相对较小的网络份额以获得稳定可靠的、可以预期的网络带宽和运算能力，需要扩展应用程序时只要简单地购买更多的 EOS Token 即可。由于网络是零交易费用的，除了首次购买 EOS Token 之外，没有其他的网络开发成本，因此，可扩展性成为 EOS 的另一个亮点。

（2）优秀的联盟链平台

目前，国内外发展最好的联盟链就是超级账本（Hyperledger）项目的子项目 Fabric。Hyperledger 是一个提高跨行业交互效率的区块链技术开源合作项目[4]。它是由 Linux 基金会主导的全球合作项目，参与者包含金融、银行、物联网、供应链、制造和科技产业的领导者。

Fabric 是一个区块链架构应用平台，是超级账本的子项目之一，致力于推进区块链技术的发展和应用的落地。同时，Fabric 项目也是一个灵活的可插拔的开源平台，包括共识模块、成员权限管理模块等。经历了两年多的发展，Fabric 平台从 v0.6 版本到最新的 v2.0 版本，在系统架构、灵活性、可插拔性、系统交易性能等多方面有了显著提升。各大互联网公司，如百度、阿里、京东、华为等都是超级账本的活跃会员，并积极推进与 Fabric 相关应用的落地。

目前，国内外金融业、互联网业、开源社区等组织针对不同业务场景，组建了众多区块链联盟。国外的 R3 Corda 组织，专注于做银行业区块链服务；Hyperledger 是 Linux 基金会下的众多项目之一，其下有 Fabric、Iroha、Burrow、Sawtooth 等区块链基础平台类项目；国内的中关村区块链产业联盟致力于打造一个网络空间基础设施创新的区块链网络；中国区块链联盟、俄罗斯区块链联盟和中国分布式总账基础协议联盟（China Ledger 联盟）专注于区块链技术的研究；陆家嘴区块链金融发展联盟和深圳金融区块链联盟目前是国内两个比较大的区块链产业联盟，专注于区块链金融领域应用研究，推进区块链应用和产品的落地。区块链各联盟情况见表 1-1。

表 1-1　区块链各联盟情况

联盟名称	描述
R3 Corda	银行业区块链服务
Hyperledger	区块链基础平台
中关村区块链产业联盟	网络空间基础设施创新
China Ledger 联盟	区块链技术研究
俄罗斯区块链联盟	区块链技术研究
中国区块链联盟	区块链技术研究
陆家嘴区块链金融发展联盟	区块链金融领域应用研究
深圳金融区块链联盟	区块链金融领域应用研究

1.4　区块链相关应用

区块链的应用及探索经历了 3 个阶段，从加密“数字货币”的应用逐渐扩展到社会的诸多领域，应用场景也逐渐丰富，尤其是在金融行业的应用逐渐成熟，其他领域的应用场景也在探索起步过程中，可以预见区块链未来对社会的各个领域的影响是深远的[5]。区块链应用成熟度曲线如图 1-2 所示。

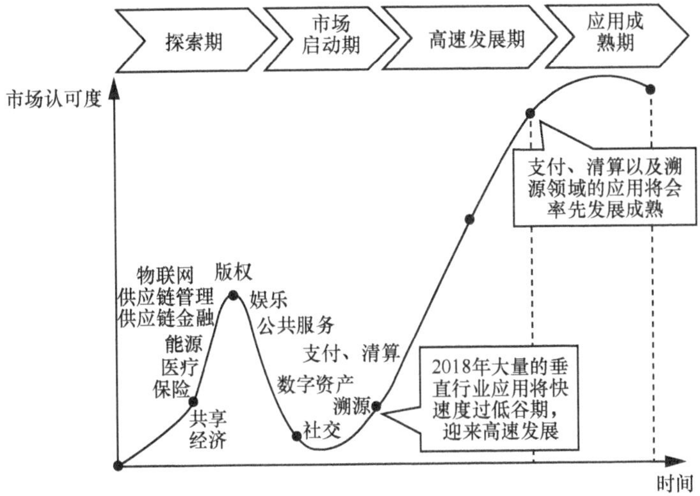

图 1-2　区块链应用成熟度曲线

（1）供应链领域

区块链技术有助于提升供应链管理效率。数据在交易各方之间公开透明，从而在整个供应链条上形成一个完整且流畅的信息流，可以确保参与各方及时发现供应链系统运行过程中存在的问题，并针对性地找到解决问题的方法，进而提升供应链管理的整体效率。区块链技术可以避免供应链纠纷，所具有的数据难以篡改和时间戳存在性证明的特点能很好地运用于解决供应链体系内各参与主体之间的纠纷，实现轻松举证与追责。区块链技术可以用于产品防伪，数据难以篡改与交易可追溯两大特性相结合，可根除供应链内产品流转过程中的假冒伪劣问题。例如，伦敦的区块链初创企业 Provenance 为企业提供供应链溯源服务，通过在区块链上记录零售供应链上的全流程信息，实现产品材料、原料和产品的起源和历史等信息的检索和追踪，提升供应链上信息的透明度和真实性。通过 Provenance 的区块链平台，整合产品制造、运输、交易环节过程中的全部信息，重建供应链条中的信用体系，促进体系的良性发展。

典型应用案例是IBM与丹麦物流公司马士基航运公司（Maersk Line）的合作，使用区块链技术对全球跨境供应链进行数字化。

富士康的金融服务子公司富金通与点融合作推出了基于区块链的供应链金融平台 Chained Finance，目前已经在电子制造业的供应链上运行，通过区块链技术在线上成功发放多笔借款，总金额达到数千万元[6]。

（2）物联网领域

目前的物联网生态体系，依赖中心化的网络管理架构，所有的设备都通过云服务器连接。随着网络规模的扩大，中心化云服务器、大型服务器和网络设备的基础设施和维护方面将占用高昂成本。在去中心化的物联网愿景中，区块链是发生互动的设备间促进交易处理和协作的框架，网络上的每个设备都可以作为一个独立、微型的商业主体运行。

2015 年，IBM 与三星联合打造的去中心化的 P2P 自动遥测系统（Autonomous Decentralized Peer-to-Peer Telemetry，ADEPT）展示了人们在这一方向上的探索：IBM 和三星希望 ADEPT 系统可以让物联网里的各种设备自动运转，从理论上讲，家电的运转出故障时，它们可以自动发送信号，并可以自动更新软件。甚至设备本身可以通过 ADEPT 来与周边的设备“沟通”，从而提高能源的利用效率。在 ADEPT 系统中，当数十亿个设备自动交互信息时，在 ADEPT 中植入比特币协议，即可大幅降低 ADEPT 作为设备间的沟通桥梁时的成本。

此外，Visa 与 DocuSign 联合发起了区块链汽车租赁项目。2015 年 10 月，Visa 与数字交易管理公司 DocuSign 联合推出概念证明项目，使用区块链技术记录、保管租车数据，推动汽车租赁过程的数字化。该项目在区块链上为用户创建数字指纹，在链上登记，通过分布式账本记录交易，租车协议、保险项目等内容实时更新，简化传统汽车租赁过程中的烦琐步骤。

（3）金融领域

在（跨境）支付方面，区块链技术可实现资金转移，尤其在跨境支付业务上的潜在优势格外突出，可在跨国收付款人之间建立直接交互，简化处理流程，实现实时结算，提高交易效率，降低业务成本，由此推动跨境微支付等商业模式的发展。典型的应用案例是跨境对公连汇（Visa B2B Connect）。国际银行卡组织 Visa 与区块链公司 Chain 共同开发的 B2B（Business to Business）跨境支付项目，于 2017 年推出服务，目前已经在 10 个国家的 30 家银行中进行了测试。Visa 和 Chain 联合开发的区块链系统可以实现支付交易的实时处理，从而提高效率，降低成本。

在金融资产方面，典型应用案例是中国邮政储蓄银行携手 IBM，宣布推出基于区块链的资产托管系统。该系统于 2016 年 10 月上线，标志着中国银行业将区块链技术成功应用于核心业务系统。

招商银行在区块链技术上实现了新的突破，实现将区块链技术应用于全球现金管理（Global Cash Management）领域的跨境直联清算、全球账户统一视图以及跨境资金归集这三大场景。

在证券交易方面，传统证券业务需中介机构深度参与，才能有效完成股票的发行与交易。将股权整合进区块链，使其成为数字资产，可实现无须通过中介机构，直接发起交易。资产发行可根据需要，采取保密或公开方式进行。股票资产交易通过区块链代码表达相关各方一致达成的合约，实现合约的自动执行，保证相关合约只在交易对手间可见，而对无关第三方保密。此外，通过相应机制确保证券发行和交易符合监管要求和框架，进一步降低监管合规成本。典型应用案例是纳斯达克与区块链企业 Chain 合作的 Linq 平台，于 2016 年 1 月上线私募股权。

在票据方面，2017 年 1 月 25 日，央行推动的基于区块链的数字票据交易平台已测试成功，由央行发行的法定数字货币已在该平台试运行，央行旗下的数字货币研究所也正式挂牌。

2017 年 4 月 12 日，美的集团财务有限公司与杭州复杂美科技有限公司联手合作，共同打造美的金融区块链票据应用平台，为企业级票据行业区块链应用拉开了帷幕。

（4）公共服务领域

保险方面，众安保险准备搭建基于以太坊的保险交易平台，2016 年 10 月，众安在线财产保险公司宣布创建一家新的技术型附属公司，将开发人工智能、云计算以及区块链领域的产品和服务。

医疗健康方面，易见股份联合 IBM 开发区块链技术，以实现供应链管理向金融科技方向转型。公司 2017 年加大技术的投入，探索研究区块链技术在供应链管理服务领域的运用。该区块链供应链金融平台名为“易见区块链技术应用系统”，新业务主要聚焦医药行业，旨在提升药品零售企业在医药采购供应链融资方面的运作效率，降低机构的信用风险。

（5）税务领域

2017 年 3 月，百望股份与万达网络共同签署战略合作协议，双方充分发挥各自领域的业务与资源优势，合作推进“电子发票+区块链”财税一体化解决方案、“供应链+区块链”解决方案的应用试点、项目落地、推广、宣传、运营等工作。百望股份将携手万达网络打造基于区块链的财税票一体化平台——“万达 e 账通”。该产品将为企业涉税服务、电子票据、无纸化合同、存证以及衍生金融服务提供一体化解决方案，借助区块链分布式共享账本的技术优势为企业用户带来高效运营流程、自动化业务处理、无纸化低能耗等核心优势。

（6）司法领域

可篡改、可删除、可复制的特征导致电子数据作为司法证据时，可能被破坏、被污染、被修改，从而影响对事实的判断，这也进一步导致电子数据第三方存证市场一直不温不火。由于电子数据天然具有可篡改、可伪造的特性，而且司法实务中的取证及固证严重依赖于“持牌”的公证机关，法院在认定电子数据的效力方面，对新生的取证、固证技术并没有深入考究，各地司法机关亦没有统一的审查标准，一系列因素导致电子数据的存证市场很难快速获得司法部门的全面认可。同时，电子数据的生成方面仍然存在一些问题，如证据分散、不完整或丢失，存储在侵权者设备里的证据被伪造或篡改，电子证据的时间被重新设置等，这些都会导致起诉人难以将维权进行到底。以上痛点可通过区块链技术的应用来解决。

2018 年 6 月，杭州互联网法院上线了电子证据平台，方便起诉人线上提交证据，线上发起诉讼，极大提升了诉讼效率，解决了电子数据存储、传输使用的可信问题[7]。起诉人可以通过线上申诉入口，在线提交合同、维权过程、服务流程明细等电子证据，公证处、司法鉴定中心、CA/RA 机构、法院、蚂蚁金服等链上节点来共同见证，为起诉人提供一站式服务。杭州互联网司法区块链可以通过时间、地点、人物、事前、事中、事后 6 个维度解决数据“生成”的认证问题，真正实现电子数据的全流程记录，全链路可信。杭州互联网法院，是司法主动适应互联网发展趋势的一项制度创新。以“全业务网上办理、全流程依法公开、全方位智能服务”为目标，依托网上诉讼平台，起诉、立案、举证、开庭、裁判等实现全流程在线，当事人“一次都不要跑”即可完成诉讼；注重专业化审判，着力于规则探索和机制创新，配套的网络诉讼规则逐步成形，一批具有典型性、代表性的案例纷纷“出炉”；前置性化解、特邀、专职调解员调解等线上线下相结合的涉网纠纷解决渠道发挥积极作用；积极利用网络优势，开发数据资源，丰富了线上、线下“双维度”的便民方式和手段。提升维权效率，破解司法服务效率低的难题，实现司法数据的融合共享，打破数据“孤岛”。推动社会信用体系建设，降低司法成本，以技术为引擎，推动创新发展，引领司法服务转型升级，减少司法纠纷，提高社会契约执行效率。目前，杭州互联网法院已审判网络中著作权、互联网域名、网络购物合同纠纷和金额借款合同纠纷等案件一万多件。

1.5 小结

区块链技术的快速发展有望使整个社会进入智能互联网时代，形成一个平行社会。与此同时，在这个信用缺乏的年代，区块链的技术作为一种创新的分布式可信技术，能够为全球市场提供广阔的发展前景。通过近些年国内外区块链技术的发展，从技术和应用领域上可以总结出如下趋势。

在技术领域，联盟链是企业内区块链应用常用的技术架构。随着对区块链技术与应用方式研究的不断深入，市场上逐渐出现了平台化的研发趋势，利用平台对技术和应用进行支撑。目前国外主流的区块链技术平台包括 IBM 的 Fabric 架构、微软的 CoCo 平台与 Oracle 的企业级区块链架构，大多采用联盟链结构，联盟链在共识速度、节点准入和监控方面存在优势，因此更适应企业自身需求。自主化共识算法的应用将趋于普遍，区块链技术的核心是共识算法，当企业业务特征不同时，需要根据实际应用时的不同业务需求对共识算法进行调优，因此，不同企业的共识算法是自主化和可定制化的。

在应用领域，利用区块数据打通跨系统流程，依托区块数据不易篡改的特性，在不同业务间的跨系统流程实例中进行数据共享，实现不依托核心数据中心的、更便捷的数据共享，加速跨系统流程流转效率。利用区块链为多主体参与业务构建可信环境，依托区块链去中心化特性构建各主体共同维护的可信环境，进行全链路核心数据的链上存储，实现智能合约的一致性执行，有效解决多主体参与业务的数据一致性问题、信任问题，提高业务执行质量，节约信任成本。

参考文献

[1] 吕诗宁，颜拥，丁麒，等. 能源互联网中的区块链应用：优势、场景与案例[J]. 浙江电力，2017, 36(3): 1-4, 23.

[2] 梅兰妮 • 斯万. 区块链: 新经济蓝图及导读[M]. 北京: 新星出版社, 2016.
[3] 杨保华. 区块链原理、设计与应用[M]. 北京: 机械工业出版社, 2017.
[4] 黄振东. 从零开始学区块链: 数字货币与互联网金融新格局[M]. 北京: 清华大学出版社, 2017.
[5] 颜拥, 赵俊华, 文福拴, 等. 能源系统中的区块链: 概念、应用与展望[J]. 电力建设, 2017, 38(2): 12-20.
[6] 杨森, 印言. 基于区块链的供应链金融风险防范机制研究[J]. 商业经济, 2021(11): 181-183.
[7] 曾昕, 刘滔. 区块链司法存证体系研究[J]. 网络空间安全, 2019, 10(7): 44-47, 72.

第 2 章 企业级区块链

结合区块链的分类以及应用范围，联盟链具有较为灵活的落地可行性，而企业级应用与联盟链架构具有天然的一致性，非常适合为企业级应用过程中存在的消息不对称、信息不透明等多参与方的可信问题，提供多中心化解决方案。

本章首先解释什么是企业级区块链，然后重点介绍企业级区块链涉及的核心技术，最后对区块链技术架构和应用架构的未来趋势进行梳理，为读者针对区块链在企业级的应用条件和落地难易程度提供理论和技术参考。

2.1 企业级区块链定义及特点

2.1.1 企业级区块链定义

企业级应用是指那些为商业组织、大型企业而创建的解决方案及应用程序。这些大型的企业级应用具有用户数多、数据量大、事务密集等特点，往往能够适应未来业务需要的变化，易于升级和维护。一个好的企业级应用体系结构，通常来自优秀的解决方案，同时自应用程序设计开始就要考虑其体系结构的合理性、灵活性、稳健性，从而既能满足企业级应用的复杂需求也能为今后系统的调整和升级留有余地。这样处理实际上延长了整个应用的生命周期，增强了用户在多变的商业社会中的适应性，减少了系统维护的开销和难度，从而给用户带来最大的利益[1]。

企业级区块链技术，是在区块链技术基础上结合企业自身建设特点，由块数据、灵活的共识算法、分布式存储和支持业务的智能合约 4 个要素构成。其中，企业级区块链技术更强调共识算法和智能合约与企业业务性能需求和功能需求的贴合度。在企业内部（企业间），采用一种全新的利用块链式数据结构验证与存储数据、利用分布式节点共识算法生成和更新数据、利用密码学的方式保证数据传输和访问的安全、利用由自动化脚本代码组成的智能合约编程和操作数据的分布式基础架构。为了进一步扩大区块链的应用场景，降低区块链的使用门槛，各企业区块链依托自身底层区块链开发平台和开源社区，打造服务智慧产业和分布式商业的区块链基础设施，提高企业部署区块链效率，加快应用落地。

2.1.2 企业级应用的特点

企业级应用通常具有如下特点。

（1）海量数据的存储

一般来说，企业级应用包含的数据量是巨大的。一个中型的系统就会包含超过 1GB 的数据量，这些数据被映射为上千万条记录。管理这些数据就成为这个系统的主要功能。较早的系统使用索引文件结构像 IBM 的 VSAM & ISAM。现在的系统经常使用数据库，大多数是关系型数据库。

（2）数据的并发访问

多用户并发地存取数据是企业级应用的常见情况，对很多系统来说，使用人员可能不到百人，并发量不是特别大。比如通用应用为 100～200 并发，重度并发 500 的系统就能满足国内大部分的系统要求。但是对于基于 Internet 的 Web

系统来说，使用者的递增速率是几何级的。

（3）易用性

为了应对日益庞大的数据量，大量的 UI 界面被投入使用。普通用户与专业用户的习惯差异很大，为了满足不同的需求，界面交互和数据表达需要支持多种数据展现方式，实现众多数据在页面上的展现、传输。

（4）需要和其他应用集成

企业级应用并不是信息“孤岛”，它们经常需要和遍布在企业角落的其他企业级应用集成在一起，集成的方式可能采取企业服务总线（Enterprise Service Bus，ESB）、Java 消息服务（Java Message Service，JMS）、Web Service、Socket。企业会尽力将其不同的系统通过一个通用的通信技术集成起来，但是即使这样也很难圆满地完成任务，所以企业会同时使用几套不同的集成方案。

（5）复杂的业务逻辑

业务逻辑是由企业根据自身需要制定的业务规则决定的。有时候规则会很随意，看上去似乎没有任何的逻辑。企业往往有自己特定的需求、特殊的情况。这些层出不穷的特例导致了业务的复杂性、无逻辑性，使得商业软件的开发十分困难。

（6）个性化的需求比较多

用户需要定制 IT 服务，同时更切合 IT 即服务的定义，这对设计上的可复用性、可扩展性都提出了较高要求。面对不同的用户需求，可复用性强能极大降低成本；面对同一个用户，可扩展性强能降低用户二次开发、二次升级、二次需求的成本。

（7）网络情况复杂

企业级的应用系统往往涉及多个网络环境，需要详细的排查方案和丰富、方便的排查工具，比如动态的日志级别调整（不用关程序）、获取 Core 文件脚本、带界面的运维监控界面、测试接口工具。

2.2 企业级区块链核心技术

从技术角度来讲，区块链并不是一个全新的技术，而是集成了多种现有技术的组合式创新，涉及以下几个方面[2]。

（1）共识机制

由于区块链系统没有一个中心，因此需要有一个预设的规则来指导各方节点在数据处理上达成一致，所有的数据交互都要按照严格的规则和共识进行，常用的共识机制主要有工作量证明（Proof of Work，PoW）、权益证明（Proof of Stake，PoS）、股份授权证明（Delegate Proof of Stake，DPoS）、实用拜占庭容错（Practical Byzantine Fault Tolerance，PBFT）算法等。

（2）密码学技术

密码学技术是区块链的核心技术之一，目前的区块链应用采用了很多现代密码学的经典算法，主要包括哈希算法、对称加密、非对称加密、数字签名等。

（3）分布式账本

区块链是一种点对点网络上的分布账本，每个参与的节点都将独立完整地写入区块数据信息。分布式存储区别于传统中心化存储的优势主要体现在两个方面：每个节点上备份数据信息，避免了单点故障导致的数据丢失；每个节点上的数据都独立存储，有效规避了历史数据被恶意篡改。

（4）智能合约

智能合约允许在没有第三方的情况下进行可信交易，只要一方达成了协议预先设定的目标，合约将会自动执行交易，这些交易可追踪且不可逆转，智能合约具有透明可信、自动执行、强制履约的优点。

2.2.1　共识机制

区块链系统是一个典型的分布式系统，每个节点维护一份本地区块链数据备份。在区块链系统中，区块链共识协议制定了一组每个节点必须遵循的规则，最终保证分布式系统中各节点区块链数据备份的一致性。区块链共识协议分为两个主要步骤：出块节点选举和主链共识。在出块节点选举阶段，某个节点（或多个节点）成为出块节点，提出新区块。由于分布式网络中可能存在的恶意节点及分叉块的影响，其他节点在收到新区块以后不能直接将其加入自己的本地区块链。所有节点需要利用主链共识对新区块及其构成的主链达成一致。出块节点选举机制和主链共识共同保证了区块链数据的正确性和一致性，从而为分布式环境中的不可信主体间建立信任关系提供技术支撑[3]。

作为区块链系统的核心组件，共识协议同时决定了区块链系统的性能及安全性。例如，流行度最高的比特币系统采用概率性共识协议。为了保证区块在大规模分布式系统中的广泛传播，比特币系统将区块大小限制为 1MB，区块间隔设置为 10min，从而导致比特币系统每秒只能处理约 7 笔交易。当交易量上升时，系统拥塞现象时有发生。此外，对于安全性要求较高的大数额交易，比特币官方用户端 Bitcoin Core 推荐用户等待随后 6 个区块的确认（约 1h），使其具有更高概率安全性。为了改善比特币系统的性能，研究开发人员不断对其共识协议进行优化，如缩短区块间隔、区块扩容等，然而这些优化同时可能带来对安全性的负面影响。自区块链技术诞生以来，大量研究工作围绕设计与分析共识协议开展，如 Bitcoin-NG、Algorand、Byzcoin、Honeybadger 等。同时，也形成多个基于区块链的系统，如 Ethereum、Litecoin、Hyperledger Fabric 等[4]。

区块链共识协议属于拜占庭容错（Byzantine Fault Tolerant，BFT）协议，保证区块链网络中诚实节点在恶意节点干扰下也能达成共识。在分布式系统中，依据系统对故障组件的容错能力，共识协议分为崩溃容错（Crash Fault Tolerant，CFT）协议和 BFT 协议两大类。CFT 协议保证系统在组件宕机的情况下也能达成共识，适用于中心化的分布式数据集群，如 Google 分布式锁服务 Chubby、Paxos 协议等。BFT 协议由 Leslie Lamport 在 1982 年提出，保证分布式系统在故障组件的干扰下依然可以达成一致性。由于区块链网络的开放性质，区块链共识协议需要抵御恶意节点干扰，因此属于 BFT 协议。

区块链系统的运行流程如图 2-1 所示。用户利用区块链用户端（钱包、网页等）发起交易，交易通过点对点（Peer-to-Peer，P2P）广播，节点验证交易格式和内容，若无误则加入本地交易池中并广播给其他节点；根据共识协议的出块节点选举规则，网络中的某节点成为出块节点；出块节点将交易打包、生成新区块，并通过点对点网络广播新区块；节点收到区块后，验证区块及交易的格式和内容正确性，若无误则更新本地区块链数据；节点若收到同一高度的多个区块，则根据共识协议的主链共识对区块链数据达成一致。通过以上分析可看出，区块链共识协议主要分为两个步骤：出块节点选举以及主链共识。前者用于选举分布式系统中的出块节点、生成新区块，后者则对区块链数据达成一致[5]。

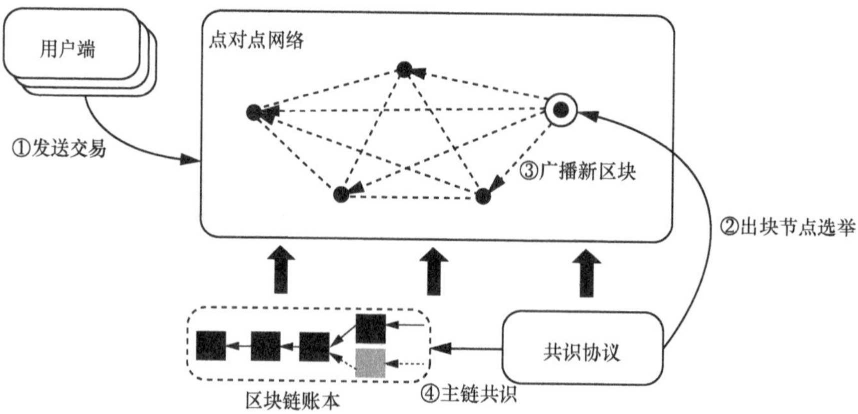

图 2-1　区块链系统的运行流程

（1）节点选举

区块链的出块节点选举机制类似传统分布式协议的领导人选举问题。不同的是，为抵御开放网络环境中的恶意节点，出块节点选举机制通常基于“身份定价”机制，包括工作量证明和权益证明。

工作量证明通过物理资源的投入抵御恶意节点，存在算力中心化、资源浪费、选举性能低等若干问题。为了解决这些问题，一些研究工作用内存密集型函数替代计算密集型函数、利用算力提供有用服务、调整工作量证明难题参数等。部分方案改变了系统性质从而引出了新的研究问题，包括改变区块大小、出块间隔等，研究人员可针对已有攻击方式在改进系统中的新型攻击手段、安全边界展开研究。

（2）权益证明

权益证明被用于解决工作量证明的资源浪费问题，由早期的竞争性难题机制逐渐演变为基于随机函数的非竞争性机制。非竞争性机制由于安全和高效，是目前权益证明的重点研究方向。权益证明也存在粉碎攻击、无权益攻击和长程攻击等问题，但目前尚没有对权益证明及其安全问题的综述研究。

（3）主链共识

在主链共识步骤，根据区块数据的一致性，可以将主链共识分为概率性共识和确定性共识。

概率性共识从早期基于区块树的选取规则逐渐演变为基于有向无环图的选取规则，且共识粒度从区块细化为交易，部分有向无环图协议对交易全局顺序达成概率性共识。当前大部分概率性共识通过理论证明满足安全性和活性。然而，概率性共识之间缺乏对比工作，目前仅有最长链和Ghost（Greedy Heaviest Observed Subtree）协议的安全性对比分析。在调研过程中发现，最长链规则仍是区块链系统的主导规则，Ghost协议在研究工作中备受关注但目前缺乏实际应用。此外，几乎所有基于工作量证明的概率性共识都存在自私挖矿问题，但尚无对除最长链规则以外的其他概率性共识度量自私挖矿攻击影响的研究。

为满足非许可链开放成员及网络规模要求，大多数确定性共识将出块节点选举机制与 BFT 协议相结合，实现区块链系统的确定一致性。这些协议通常运行于异步网络中，并要求恶意节点不超过节点总数的 1/3。目前尚没有可运行于大规模纯异步网络中的确定性共识协议。HoneyBadger 作为纯异步共识协议，只适用于节点身份和数量都已知的非许可链系统。

2.2.2 通信机制

通信机制是指区块链网络中各节点间的对等通信协议，建立在 TCP/UDP 之上，位于计算机网络协议栈的应用层。该机制承载对等网络的具体交互逻辑，如节点握手、心跳检测、交易和区块传播等。由于包含的协议功能不同（如基础链接与扩展交互），区块链网络通信机制细分为 3 个层次：传播层、连接层和交互逻辑层，如图 2-2 所示。

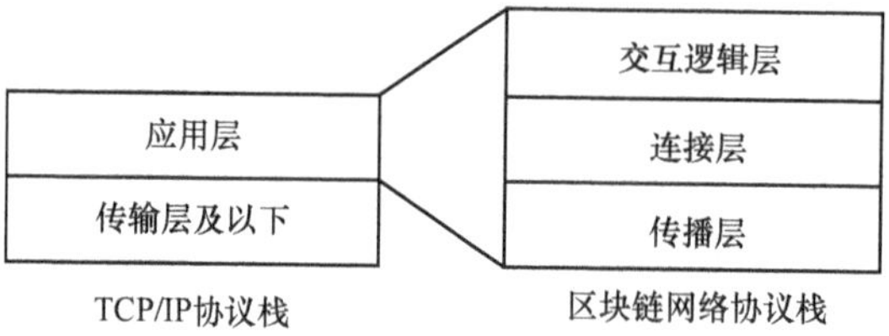

图 2-2　区块链网络通信机制

传播层实现对等节点间数据的基本传输，包括两种数据传播方式：单点传播和多点传播。单点传播是指数据在两个已知节点间直接进行传输而不经过其他节点转发的传播方式；多点传播是指接收数据的节点通过广播向邻近节点进行数据转发的传播方式，区块链网络普遍基于 Gossip 协议实现洪泛传播[6]。连接层用于获取节点信息，监测和改变节点间连通状态，确保节点间链路的可用性（availability）。具体而言，连接层协议帮助新加入节点获取路由表数据，通过定时心跳监测为节点保持稳定连接，在邻居节点失效等情况下为节点关闭连接等。交互逻辑层是区块链网络的核心。该层协议承载对等节点间账本数据的同步、交易和区块数据的传输、数据校验结果的反馈等信息交互逻辑，除此之外，还为节点选举、共识算法实施等复杂操作和扩展应用提供消息通路。

Gossip 协议，又称“八卦”协议，用于系统内节点之间的相互通信，就是模拟人类传播八卦的方式而产生的，类似于社交网络消息传播方式或者流行性疾病的传染方式。Gossip 是以数学为基础、具有扎实理论分析基础的去中心化分布式通信协议，即系统内节点之间相互通信的通信机制[7]。

Gossip 协议就是为一些弱化了一致性的应用场景设计的，用来实现节点间的信息同步，解决分布式架构中的信息一致性问题，决定了系统的一致性程度。在超级账本 Fabric 和 Cassandra 数据库中，Gossip 协议在其信息同步中都发挥了重要作用。

在分布式中，除了 Gossip 这个通信协议，还有 Totem 协议、Paxos 协议等。其中，Totem 协议在节点间形成单环结构，通过 Token，利用类似于“丢手绢”的形式，实现消息的传递，只有拿到 Token 的节点才能够发送消息，以此来保证消息的有序性。Paxos 协议通俗来讲，类似于二阶段提交，就是在第一个阶段由一个节点询问其他节点是否可以进行消息的提交，如果超过半数节点响应，则可以进行消息提交，否则失败；在第二阶段超过半数响应才能够进行消息写入，同时需要满足一定的前提。

相比于 Totem 协议、Paxos 协议等强一致性的协议，Gossip 协议适当放宽了对一致性的要求，降低了系统实现的难度，强调在一定约束下实现最终一致性，即总会在某一个时刻，系统达到一致的状态。

2.2.3　分布式账本技术

分布式账本技术（Distributed Ledger Technology，DLT）常常被认为是区块

链技术的同义词，但分布式账本指可以在多个站点、不同地理位置或者多个机构组成的网络里实现共同治理的资产数据库，分布式账本技术指实现分布式账本的技术的集合。

从计算机技术的角度看，账本是一系列包含交易和信息的数据结构，账本可以记录多方资金的往来、物品的交换等。在区块链系统中，由于账本在所有参与节点中复制，并且交易被组织成块，然后块被组织成逻辑上的链，因此区块链是一部不断增长的账本[8]。

（1）账本存储模型

未花费交易输出（Unspent Transaction Output，UTXO）模型：每个交易由交易输入和交易输出组成，交易输入和交易输出可以有多项，表示一次交易可将先前多个账户中的比特币合并后转给另外多个账户。每个账户的余额由该账户下所有 UTXO 求和得到。UTXO 模型原理如图 2-3 所示。交易 1 包含 1 个输入 2 个输出，交易 2 包含 3 个输入 2 个输出。

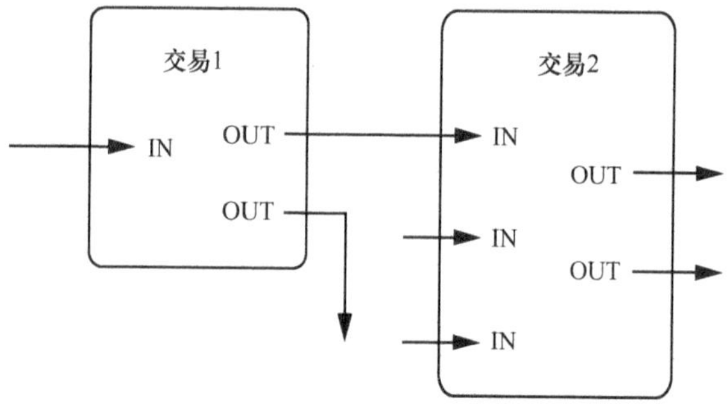

图 2-3　UTXO 模型原理

账户模型：相对于 UTXO 模型，账户模型更符合人类思维的认知，可以直接读出账户的相关信息。智能合约也更适合建立在账户模型之上，以太坊采用了账户模型，并且将账户分为外部账户和合约账户。

交易记账由分布在不同地方的多个节点共同完成，而且每一个节点记录的都是完整的账目，因此它们都可以参与监督交易合法性，同时也可以共同为其作证。不同于传统的中心化记账方案，没有任何一个节点可以单独记录账目，从而避免了单一记账人被控制或者被贿赂而记假账的可能性。另一方面，由于记账节点足够多，理论上讲除非所有的节点被破坏，否则账目就不会丢失，从而保证了账目数据的安全性。

键值对模型：区块链技术在某些场合下是为了作为分布式的账本而存在，存储模型常借鉴键值对数据存储模型，该模型下数据存取简单。Fabric 致力于解决企业间的合作问题，常在一种联盟环境下基于键值对模型采用共享数据库的方式。

（2）“加密货币”、数字资产

“加密货币”（Cryptocurrency）是指在密码学建立的安全基础上构建的“虚拟货币”。数字资产是指以数字化形式存在的任何归属权明确的可用数据或文件。数字资产可以是任何电子文档、图片、音视频文件等。“加密货币”是数字资产的一种特例，由于金融安全、技术安全等原因，目前我国并不承认比特币等“加密货币”的合法性。以太坊等系统显示出区块链可以作为一种具备可编程的开放服务平台，区块链上的应用以一个或多个智能合约的方式体现。以太坊的意见征求稿（ERC）2 提出了很多与数字资产相关的标准，例如 2017 年年底风靡全球的谜恋猫正是采用了 ERC721 标准，ERC20 标准则常用于所谓的 ICO（Initial Coin Offering）。为作区分，一般数字资产特指排除“加密货币”等非法资产在内的资产。区块链常作为数字资产的存证和追溯平台，例如 BigchainDB 和 Corda。

（3）账本分类

根据区块链系统的构建目标，账本会呈现出不同的形态，本节从账本所有权和账本个数两方面介绍账本的特点，见表 2-1。

表 2-1　常见分布式账本比较

系统名	应用场景	数据模型
比特币	“加密货币”	UTXO
以太坊	分布式应用	账户
Fabric	分布式应用	键值对
莱特币	“加密货币”	UTXO
BigchainDB	数字资产	UTXO

账本所有权：在比特币等公有链系统中，所有用户均对账本具有查看权，在共识算法前提下，特定的节点对区块链具有写入权；而在 Fabric 等系统中，仅某通道中的节点对该通道中的账本具有所有权，对账本的操作同样需要在共识机制下完成。

账本个数：区块链系统可以含有一个或多个账本，例如 Fabric 致力于解决企业级的合作问题，大企业间常常伴随多种合作业务，因此多账本是相当常见的。值得注意的是，账本之间是相互隔离的，但是同一个节点或组织可以同时处在多条通道中，从而通过读写多个账本完成多个账本数据的互通。

2.2.4　跨链技术

区块链技术和经济的发展，对区块链跨链提出明显的诉求。在性能上，区块链从基于 PoW 的比特币和以太坊，发展到基于 PBFT 及 DPoS 共识算法的联盟链及公链网络，虽然实现了服务器每秒处理的事务数（Transactions Per Second，TPS）从个位数到万级别的巨大提升，但是却以牺牲一定的“去中心化”为代价，这并不符合区块链的核心理念。区块链网络迫切需要在更好地保持去中心化理念的同时，大幅度提升区块链的交易性能。在功能上，伴随着智能合约开发平台的逐渐丰富并完善，大量纷繁复杂的垂直公链及区块链商业应用显现，形成众多独立的基础设施和业务体系。这些区块链应用之间迫切需要实现功能上的扩展，即区块链间的互联互通，进而实现价值和业务的链间流转。在经济上，目前实现区块链网络之间价值转移的最常用方式是中心化的交易所，基于跨链技术搭建的去中心化交易所能够降低链间交易摩擦，提高价值流动性，成为中心化交易所的有效补充手段。

跨链，顾名思义，就是通过某些技术让价值跨过链与链之间的障碍，使得原本存储在特定区块链上的价值转换为另一条链上的价值，从而实现价值的流通。跨链本质上和"货币"兑换是一样的。从业务角度讲，跨链技术相当于一个交易所，用户能够通过交易所进行跨链交易。跨链并没有改变每个区块链上的价值总额，只是不同持有人之间进行了价值的兑换。跨链不同于互联网的 TCP/IP 协议，传统的信息传输协议只需要确保接收方收到完整准确的信息及发送方得到相应的反馈，如果传输过程中出现传输障碍，可以多次传输，不必考虑重复发送的问题。但账本之间同步数据就需要确保两个账本的变动是一致的，否则会出现双重支付或价值丢失的问题。在此过程中，信息传递只是两个账本同步数据的过程，而不是最终目的和结果。因此，跨链不只是信息的传输，其本质是在价值守恒的前提下，使价值在不同区块链之间流动的过程[9]。

跨链的基础需求包括资产兑换和资产转移。资产兑换即将一条链上的资产（Token）兑换成等值的另一条链上的资产；资产转移则是将一条链上的资产转移到另一条链上，即将原链上的资产锁定，在另一条链上重新铸造等量等值的资产。资产兑换中每条链上的资产总量是不变的，只是资产所有权发生改变，且所有权的变更同时发生。资产转移是资产价值的转移，各条链上的资产总量随着转移的发生产生相应的增减。无论是资产兑换还是资产转移，重要的是保证跨链交易的原子性，即交易要么完全发生，要么完全失败，不存在第三种中间状态。目前，对跨链的研究和应用落地主要集中在资产兑换和资产转移两个方面。有些项目提出了跨链智能合约的概念，通常指一条链上的智能合约能够确认原链跨链交易。由于需要对原链交易进行确认和验证，因此从基本原理和技术实现上来说，跨链智能合约和跨链资产转移非常相似。

目前，较有影响力的跨链技术是 Polkadot、Cosmos 和 Hyperledger Quilt。Polkado 的主干网络被称为中继链（Relay Chain），其以以太坊为主实现了与各种平行链（Parachain）的互联。每个平行链就是一个单独的区块链网络。Polkadot 还以其他公有链为升级目标，最终让以太坊可直接与任何链进行互联。Cosmos 把不同种类的区块链子网看作 Zone，通过主干网络 Cosmos Hub 上运行的 IBC（Inter-Blockchain Communication）协议，实现不同 Zone 之间的互联。Hyperledger Quilt 是 ILP 协议的 Java 实现。ILP 是无须中介的跨账本支付协议，实现了不同数字资产账本间的自动路由与原子支付操作。Polkadot 专注于实现通用的跨链通信，Cosmos 专注于实现跨链的数字资产交易，Hyperledger Quit 则专注于实现跨链的支付操作。各类企业级区块链平台无论在系统整体架构还是在交易数据格式上都存在着很大差别，这些都加大了跨链技术的研究难度[10]。

2.2.5　智能合约

智能合约有许多非形式化的定义，尼克·萨博（Nick Szabo）创造性地提出，“智能合约就是执行合约条款的可计算交易协议”；以太坊的智能合约是基于区块链的数字资产控制程序。狭义来讲，智能合约是涉及相关商业逻辑和算法的程序代码，把人、法律协议和网络之间的复杂关系程序化了。广义来讲，智能合约是一种计算机协议，一旦部署就能实现自我执行和自我验证，已经不仅仅局限于金融领域，并且在分布式计算、物联网等领域都有广阔的应用前景。

智能合约的实现，本质上是通过赋予对象（如资产、市场、系统、行为等）数字特性，即将对象程序化并部署在区块链上，使对象成为全网共享的资源，再通过外部事件触发合约的自动生成与执行，进而改变区块链网络中数字对象的状态（如分配、转移）和数值。智能合约可以实现主动或被动地接受、存储、执行和发送数据，以及调用智能合约，以此实现控制和管理链上数字对象。目前，已经出现的智能合约技术平台，如以太坊、Hyperledger等，具备图灵完备的开发脚本语言，使得区块链能够支持更多的金融和社会系统的智能合约应用。

现今，虽然智能合约尚未得到广泛应用，但其技术优点已经得到研究人员的广泛认可。总体来说，智能合约具有以下7个优点。第一，智能合约在不同的计算机或者在同一台计算机上的不同时刻多次运行，对于相同的输入能够保证产生相同的输出。对于区块链上的智能合约，确定性是必然要求，因为非确定性的合约可能会破坏系统的一致性。第二，智能合约应与现行合约文本一致，必须经过具备专业知识的人士制定审核，不与现行法律冲突，具有法律效应。第三，智能合约能在有限的时间内运行结束。区块链上的智能合约保证可终止性的途径有非图灵完备（如比特币）、计价器（如以太坊）、计时器（如Hyperledger、Fabric）等。第四，智能合约通过区块链技术的数字签名和时间戳，保证合约的难以篡改性和可溯源性。合约方都能通过一定的交互方式来观察合约本身及其所有状态、执行记录等，并且执行过程是可验证的。第五，智能合约的所有条款和执行过程都是预先制定好的，一旦部署运行，合约中的任何一方都不能单方面修改合约内容以及干预合约的执行。同时，合约的监督和仲裁都由计算机根据预先制定的规则来完成，大大降低了人为干预风险。第六，智能合约无须第三方中心机构的参与，能自动地实时响应用户需求，大大提升了服务效率。第七，智能合约自我执行和自我验证的特征，能够大大降低合约执行、裁决和强制执行所产生的人力、物力成本。

从国外发展来看，在科研领域，截至2017年7月31日，以EI Village为数据源，标题中包含“blockchain”的外文文献有152篇，标题中包含“smart contract”且与区块链技术相关的外文文献有27篇。国外在区块链和智能合约的研究与探索方面起步较早。以康奈尔大学为代表，Emin Gün Sirer 教授所在的 IC3 研发团队推出了 Solidus 协议、区块链保密查询工具 Town Crier 等理论科研成果，与其合作的企业包括微软、花旗银行和区块链技术公司 Chain 等。

2015 年被称为区块链元年，此后，区块链掀起了前所未有的热潮，全球金融机构和各大银行争相展开对区块链技术的研究。《2015 年度全球数字货币（区块链）创业投资报告》显示，2015 年度共发生与全球“数字货币”及区块链相关投资 65 起，总金额达 4.9 亿美元。其中，涉及智能合约和商业应用等方面的投资有 21 起，总金额达 5628 万美元。其中，智能合约平台 Symboiont 和 Mirror 获得 700 万美元和 1280 万美元投资。2016 年，RSK 公司 Rooststock 智能合约平台相继获得 110 万美元投资，同年 5 月分布式自治组织（DAO）作为主攻智能合约的区块链项目，自众筹金额高达 2.45 亿美元。

从国内发展来看，区块链技术起步较晚。在科研领域，截至 2017 年 7 月 31 日，以万方数据库为数据源，标题中包含“区块链”的中文文献有 352 篇，标题中包含“智能合约”且与区块链技术相关的中文文献有 9 篇。自 2016 年以来，区块链技术在国内呈现出爆发式的发展态势，但智能合约技术尚处在发展初期。《全球区块链+创投报告》显示，截至 2017 年 4 月底，全球总共 455 家区块链公司累计获得融资额为 19.47 亿美元，其中中国共有 61 家，位列全球第二。2016 年 5 月腾讯联合发起金融区块链合作联盟，推出腾讯云的联盟链云服务；同年 6 月百度战略投资 Circle；同年 7 月，阿里系的蚂蚁金服在全球 XIN 公益大会上表示其区块链技术即将上线，旨在打造基于区块链的公益平台；同年 9 月，中国银联与 IBM 合作，预演“使用区块链技术的跨行积分兑换系统”；2017 年 5 月，小蚁区块链发布智能合约 2.0，从数字资产平台全面升级为智能经济平台，更详细的国内主要智能合约项目见表 2-2。

表 2-2　国内主要智能合约项目

研究机构	项目简介
平安保险	以太坊智能合约平台的积极参与者
蚂蚁金服	基于区块链的公共服务平台
中国银行（香港）有限公司	安全的智能合约平台 RSK
浙商银行	超级账本积极参与者

2.2.6　隐私计算

数据是数字经济时代的土壤，是商业化过程中的核心竞争优势，用户与数据构成了现在数字经济竞争的基本逻辑法则。区块链是新一代基于信任机制的分布式技术，在数据爆炸的现代商业经济中，区块链在建立这种多中心化技术信任的同时，还需要解决如何满足商业隐私保护和操作权限控制的问题。因此，隐私计算成为区块链规模化商业应用中的核心问题。

隐私计算是一套包含密码学、数据科学、人工智能、安全硬件等众多领域的跨学科技术体系，以保护数据全生命周期隐私安全为基础，实现对数据处于加密状态或非透明状态下的计算和分析，从而达到促进数据要素流通融合、有效提取数据要素价值的目标。在保证各方原始数据安全隐私性的同时，完成对多方数据的融合计算，实现多方数据的“可用不可见”。隐私计算及区块链技术是解决数据安全问题、构建可信运营环境、实现数据价值高效流通的有效技术方案：一方面，人们提供了一种在数据本身不用交换的情况下实现数据价值共享的解决思路和技术路径，在数据共享过程中实现价值挖掘与隐私保护之间的平衡；另一方面，隐私计算及区块链技术作为数据要素流通的关键技术，为数据确权、数据价值化、数据要素市场的发展奠定了基础。

从技术实现原理上看，隐私计算主要分为密码学和可信硬件两大领域。密码学领域目前以多方安全计算为代表；可信硬件领域则主要指可信执行环境（Trusted

Execution Environment，TEE）。以多方安全计算（Secure Multi-Party Computation，MPC）、可信执行环境、联邦学习（Federated Learning，FL）等为代表的隐私计算技术为流通过程中数据的“可用不可见”提供了解决方案，有助于破解数据保护与利用之间的矛盾。多方安全计算技术的核心思想是设计特殊的加密算法和协议，基于密码学原理实现在无可信第三方的情况下，在多个参与方输入的加密数据之上直接进行计算。在区块链系统中，MPC 主要被运用在密钥管理、身份认证、共识机制等环节中，以提升区块链系统的安全性和隐私性。可信执行环境的核心思想是构建一个独立于操作系统存在的可信的、隔离的机密空间，数据计算仅在该安全环境内进行，通过依赖可信硬件保障其安全。在区块链系统中，TEE 主要用于机密交易、机密计算、共识机制和跨链等方面。将虚拟机或执行引擎置于可信执行环境内，便可构建通用的可信计算框架。通用的可信计算框架依托于区块链带来的公开透明，通过将可信执行环境的信任根、代码度量、计算行为在链上公开验证，可构建区块链和可信执行环境的信任闭环。

从技术发展的历程来看，谷歌、英特尔等国际领军企业开创了隐私计算产业的时代潮流。微软研究院自 2011 年开始大规模推进多方安全计算的研究，从两方安全计算入手，逐渐拓展至三方计算和不存在交互行为的多方计算。谷歌是联邦学习的引路人，2017 年 4 月，谷歌便提出了联邦学习的概念，并于 2019 年发布论文给出了可扩展大规模移动端联邦系统的描述，用于改进谷歌输入法的自动关联与推荐。与此同时，2019 年 8 月，谷歌又开源了名为 Private Join and Compute 的新型多方安全计算开源库，结合了隐私求交和同态加密两种基本的加密技术，帮助各组织和隐私数据集协同工作，针对个别项目还使用随机密钥进行高度加密，提高隐私性。

我国的隐私计算技术产业化在 2018 年后进入快速启动阶段，出现了以互联网大厂、大数据公司、运营商、金融机构和金融科技企业、隐私计算初创企业为代表的五大类市场主要参与者。阿里巴巴、百度、腾讯、京东、蚂蚁等互联网巨头凭借其在技术领域的积累，自 2019 年开始纷纷推出了各自的隐私计算产品，形成了跨业务、多团队、强支撑的发展态势，集团内部不同业务根据自身的业务特点和需求，选择一种或多种技术方案融合的方式进行开发；同盾科技、星环科技、Talking Data、京信数科等代表性的大数据技术厂商，也快速布局基于隐私计算的数据流通产品或平台。

在应用层面，隐私计算在互联网行业渗透率最快，在金融、电信、医疗等行业的渗透率提速攀升。区块链在政务、供应链、金融等领域得到逐步普及，应用落地多向开花，在其他行业的渗透率稳定攀升。存证是目前大量落地推广的区块链场景。以隐私计算建立区块链互联互通网络并赋能公证系统，能够实现司法公证与其他领域的链上数据共享，可以通过跨链服务，可信获取其他链上的证据信息，保证证据真实性，提升证据收集的效率及有效性，降低司法判案成本。通过隐私技术实现的区块链跨链系统，可以在数据隐私保护的情况下，实现跨链数据按需出入与传输可控[11]。

在全球抗击新型冠状病毒肺炎疫情的战役中，隐私计算及区块链技术在联合诊断、医疗信息共享、冷链溯源、公益捐赠管理、个人身份管理、打击假新闻等方面发挥重要作用，为政府部门提供切实的解决方案。

2.2.7　高可用

在联盟链中，为了防止受到其他企业节点出现拜占庭行为的影响，企业开发的业务应用交易往往发送到自己部署的节点上处理。目前在联盟链中，如果某个机构的节点出现异常宕机或者节点所在服务器出现硬件错误，虽然有一定容错性的区块链网络不会因此受到影响，但对于企业来说，需要以最快的速度恢复节点服务。目前常采用的恢复方法有以下两种。

一种是由机房运维人员线下操作节点启动前的相关配置，重新启动节点，如果是存储设备发生致命错误导致数据丢失，需要涉及新节点同步区块链网络数据。这种方法引入人工操作，可能会导致节点服务长时间无法恢复，这对于与其相互通信的智能合约应用是极其不利的。另外，如果全网数据量极大，节点数据同步所花费的时间难以估计，会导致节点处于暂时不可用状态。

另一种是使用多个共识节点做数据与服务的备份，当一个共识节点出现异常的时候，上层应用感知以后切换服务节点。这种方法虽然具有快速恢复的优点，但是为了保证企业间共识投票的公平性，所有参与企业都必须部署同等数量共识节点，共识节点数量的增加将对共识效率产生极大的影响[12]。因此，通过联盟链节点热备切换的方法实现高可用的方式更受企业青睐，具体方法为：候选节点与共识节点建立连接，共识节点实时将其网络配置及其共识路由表信息发送给候选节点进行备份；候选节点对共识节点进行故障检测，决定是否触发节点升级替换的过程；候选节点线上升级为共识节点，根据备份的网络配置去连接区块链网络的共识节点，同时将自身共识状态初始化到共识节点宕机时的状态，以此完成替换。该方法在由多个机构参与组成的联盟链网络中，在不引入人工操作的前提下，机构的共识节点发生异常宕机的话，自动完成候选节点线上升级为共识节点，保证了在不影响区块链网络共识效率的基础上，避免机构内共识节点发生单点故障。

2.2.8 权限控制

目前，在联盟链领域充斥着关于各类技术的探讨，讨论的焦点当属权限管控、隐私保护这两大领域。具体来说，产品溯源、金融应用等场景对于权限管控和隐私保护的需求就像此前信息化对移动互联网的需求一样蓬勃，没有人能接受基础功能贫乏的技术底层。区块链的引入并没有减少平台权限管控的需求，反而进一步深化了权限管控方面的实践。

基于角色的访问控制（Role-Based Access Control，RBAC）：在这个最基础的权限模型中，用户是发起操作的主体，可以是代表企业的某个决策账号，或是具体个人账号；角色指基于角色来定义相关功能权限，是相对于用户而言更加抽象的业务单元；权限则指用户或角色可以访问的资源，如数据、操作等权限。另外，可以基于不同的业务需求制定多层级的角色关系，继承角色拥有被继承角色的权限，也可以新增、修改、删除部分角色权限等功能，主要目的是简化权限管理功能。出于业务场景需要或者因为系统本身没有限制，有时会出现一个用户有多种角色的情况，此时就有可能产生角色或功能上的矛盾。规避这一矛盾的常见做法是添加约束规则，例如规定提交者与审批者不可为同一人（约束规则需根据业务定义来规划，在某些既定场景中提交者与审批者又可为同一人）。另外，按业务组织、职位，并加上抽象的用户组概念进行设计，这样能更好地应对多样复杂的业务场景。

上述这个在互联网领域中得到反复验证的方案，同样适用于区块链。首先，以目前的经验来看，不仅需要将传统的RBAC模型应用于区块链，还需要满足保护业务数据隐私的需求。引入区块链技术后，过去难以实现的“有限数据分享”将会产生质的飞跃。同时业务需求方也可以根据引入的技术，特别是密码学技术，对业务权限提出更多需求[13]。

Fabric节点中的MSP（Membership Service Provider）模块负责身份管理，主要完成数字证书验证、签名与验证、私钥管理等功能。Fabric网络的各类节点（背书/提交节点、排序节点、用户端）由X.509数字证书表示其身份，也针对组织、管理员、普通用户生成相应的数字证书。普通用户一般发起与应用有关的商业交易，管理员则发起与系统相关的配置交易。一个组织代表一个机构，其下可包括背书/提交节点、管理员及普通用户。组织的证书是自签名的根证书，组织内的实体将该证书作为证书根。智能合约可依据调用者的数字证书、

MSP ID 及其属性字段实现多种级别的访问控制。Hyperledger 还提供了独立的 Fabric 项目，其可作为 root CA 和 intermediate CA 为 Fabric 项目生成和撤销数字证书。

Corda 许可服务被称为 doorman，Corda 节点需要基于节点信息向 doorman 申请到根证书机构签名的 TLS 证书，才能加入对应的 Corda 网络。为了控制交易数据的传播范围，交易发送者需在发送的消息中直接指定接收者地址。为了便于获取接收者地址，Corda 网络提供了包含节点地址、节点证书和节点服务等节点信息的网络地图（Web Map）服务。每个节点向网络地图服务上传签名的本节点信息，并周期地下载已签名的其他节点信息。任何节点都可提供网络地图服务，从而实现了网络地图服务的去中心化。

Quorum 扩展了以太坊 P2P 层，保证只有被授权的节点才可加入。Quorum 在每个节点都设置一个 JSON 配置文件，定义了所有被授权的网络节点。如果要添加或移除节点，就需要修改所有节点的配置文件。为了实现节点的动态添加和移除，Quorum 计划基于智能合约实现节点准入机制。

基于不同领域的经验，区块链系统的权限管控方案可能会被设计成截然不同的模样，不过万变不离其宗。现存机制针对数据本身的可视性做多租户分隔，并不能根本性地解决同一生态下的问题，更需要在同一片天空（生态）下实现有限数据分享。区块链中的密码学技术使其在解决业务需求方面产生了质与量的提升，利益相关方之间原来难以跨越的信任藩篱，也将因密码学的应用而逐渐破除，如引入密码学中的 MPC、零知识证明等技术，能更直接地解决各方之间有限数据分享、计算、确认等问题。此外，上述联盟链的权限管控方案也方便进行跨机构的合作和管理。生态中各利益相关方在一套透明可信的规则下有序协同，也是区块链分布式协同带来的价值和意义。

2.3 区块链技术架构和应用架构发展趋势

2.3.1 平台云化

区块链平台与技术开发服务是上层应用的重要支撑。其中，根据组网方式不同，区块链可分为公有链、联盟链、私有链 3 种。联盟链是国内区块链最重要的发展方向，为企业级区块链应用提供基本框架。区块链即服务（Blockchain as a Service，BaaS）集合了区块链和云计算两者优势，以云作为基础资源，配合区块链网络的创建、管理、运行、维护组件，对应用提供快捷部署和可视化管理的平台，降低了区块链应用的开发部署成本，已成为区块链技术企业最重要的服务形式之一。阿里云、腾讯云、华为云、金山云等各大云厂商均已推出自有 BaaS 服务，为行业企业尤其是中小微企业降低上链门槛，形成上链“绿色通道”。

阿里云区块链服务是一种基于主流技术的区块链平台服务，由阿里云区块链团队提供技术支持。它可以快速构建更稳定、安全的生产级区块链环境，大幅减少在区块链部署、运维、管理、应用开发等方面的挑战，使用户更专注于核心业务创新，并实现业务快速上链。阿里云区块链服务支持主流开源区块链技术 Hyperledger Fabric、企业以太坊 Quorum，以及具备核心技术领先性的金融级别技术阿里云区块链，帮助企业用户构建安全、稳定的区块链环境，减少部署、运维、管理、开发等方面的挑战，实现业务应用的快速上链。阿里云区块链服务帮助用户一键式快速创建和部署生产级区块链环境，提供图形化的区块链管理运维能力，实现参与企业和业务的动态添加，简化区块链的部署流程和应用配置。阿里云 BaaS 服务还提供了广泛的接入方式、动态的资源创建和弹性可扩展能力，以及多维度的安全和隐私保护机制，同时在成本上也具备更灵活的优势。阿里云区块链服务 BaaS 可应用于各大行业的多种业务场景中，如商品溯源、数据资产交易、供应链金融、数字内容版权、公益慈善、互助保险、信用证明、资产证券化、资产托管、能源化工交易、房产交易租赁、数字身份等。

腾讯云区块链服务（Tencent Blockchain as a Service，TBaaS）凭借在市场应用、产品落地、生态支持，以及安全、附加服务等方面的出色表现，在中国 BaaS 市场上位居前列。TBaaS 构建于腾讯云基础之上，支持 Fabric、FISCO BCOS、TrustSQL 等底层框架，为用户提供公有云、金融云、专有云的服务。用户可以根据需求，灵活地构建自己的系统，既可以购买公有云上的 BaaS 系统，又可以将系统搭建在自建机房专有云上。TBaaS 的核心目标是集成多种区块链底层技术，提炼通用性的服务，建立统一的 BaaS 服务平台；在 BaaS 平台基础上，联合众多的行业解决方案提供商，打造区块链生态，更好地帮助各个行业的用户实现业务上链，提高企业运行效率。当前，TBaaS 已在多个场景实现应用，包括保险直赔、资金结算、电子票据、供应链金融、智慧医疗和公益慈善等，并拥有 40 多个国内权威认证、210 多个云产品服务以及超过 200 万名开发者。TBaaS 基础设施架构如图 2-4 所示。

华为云区块链服务 BCS（Blockchain Service）是基于开源区块链技术和华为在分布式并行计算、PaaS、数据管理、安全加密等核心技术领域多年积累基础上推出的企业级区块链云服务产品。华为云区块链服务是一种开放易用、灵活高效的通用型基础技术，聚焦于区块链云技术平台建设，帮助企业在华为云上快速、高效地搭建企业级区块链行业方案和应用，共同推动区块链应用场景落地，打造基于区块链的公共信任基础设施和共赢生态。华为云区块链服务基于可信、开放、服务全球的华为云上运行，华为云产品和服务具有华为独有的新技术，以降低成本、弹性灵活、电信级安全、高效自助管理等优势惠及用户，

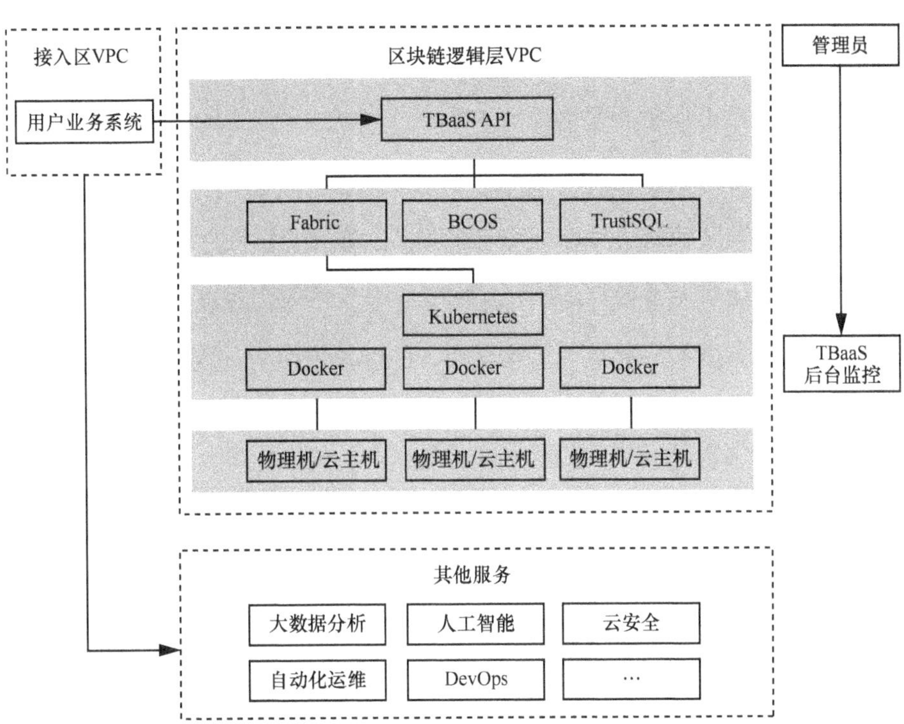

图 2-4　TBaaS 基础设施架构

BCS 可以和华为云技术产品和行业解决方案无缝对接，帮助企业在安全、高效、难以篡改等基础上轻松跨入云时代，快速部署新解决方案和应用。华为云区块链服务致力于基于自身技术使能企业的创新成长，面向企业及开发者提供一站式规划、采购、配置、开发、上线和运维的区块链平台服务，企业在华为云区块链服务上可快速自主搭建一套基于企业自身业务高安全、高可靠、高性能的企业级区块链系统，同时结合云服务特色的按需付费、弹性伸缩和可视化数据管理等特性，大幅提高用户使用区块链的效率，有效降低企业初始成本和使用成本。

京东区块链即服务（JD BaaS）平台提供全面的区块链技术服务能力，从企业和开发者角度出发，提供多种部署形式，既能灵活部署，又安全易用，基于流行的 Kubernetes（K8S）容器引擎技术，提供高可靠、可扩展的区块链技术服务，帮助政府部门、企业、金融机构等行业组织轻松跨越区块链技术门槛。

JD BaaS 平台支持企业级用户在公有云、私有云及混合云上协同部署区块链，这种跨云组网的能力使得联盟链部署更方便、更灵活，其支持多种类型的基础资源，而非捆绑在特定云平台，可提高区块链应用项目中基础设施建设的多样性，避免资源集中导致区块链去中心化特征的损失。JD BaaS 平台的目标是提供灵活易用和可伸缩区块链系统管理能力，简化区块链系统入门难度，降低企业应用区块链的技术及人力成本，提供“开箱即用”的区块链服务，促进应用落地。

2.3.2 应用微服务化

区块链应用逐渐呈现出微服务化的发展趋势。微服务架构是一个分布式的应用技术架构，目的是对应用进行有效拆分，实现敏捷开发、快速演化、便捷容错与弹性伸缩。区块链技术本质上就是分布式数据库、微服务架构与区块链技术的结合，并不能简单地被看作微服务与数据库的结合。应该把区块链平台作为一个第三方应用进行交互，这也是微服务架构很好发挥作用的地方。虽然目前的区块链平台一般都有 SDK 和 REST 服务两种方式，一般不使用 SDK，而是使用 REST，采用微服务的设计原则，使用区块链网关，把微服务与区块链平台集成的功能集中到网关中，如图 2-5 所示。

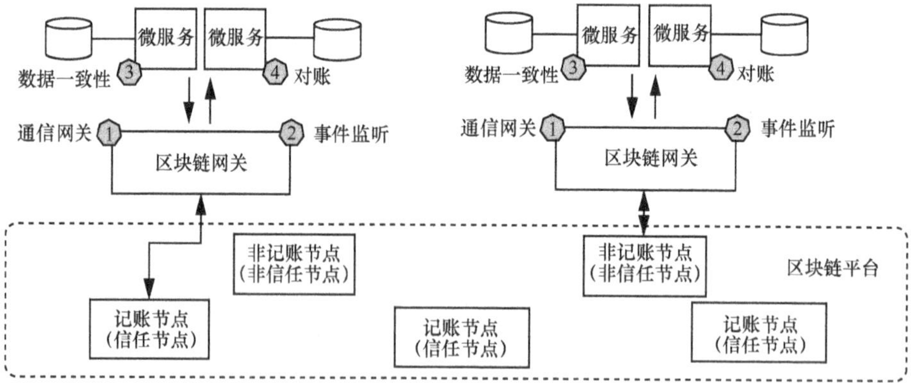

图 2-5 区块链网关

微服务通过区块链网关与区块链平台交互，区块链网关主要功能包括通信网关、事件监听，同时配合微服务应用框架，完成数据一致性、对账功能。与区块链网关集成的能力，是微服务架构天生具备的。区块链网关部分主要功能如下。

（1）通信网关

负责处理微服务发起的对区块链平台的调用。由于区块链平台的服务能力（如系统吞吐量 TPS）有限，为保证区块链平台的可用性，区块链网关采用了异步处理模式，实现限流、隔离、服务升降级等能力。由于区块链平台提供的接口各有不同，区块链网关在接受请求后记录交易流水，把区块链平台提供的服务模拟为幂等服务，调用者可以多次调用区块链网关，而区块链网关仅仅调用区块链平台一次。为方便运维，可以为区块链平台提供服务等级协定（Service Level Agreement，SLA），根据这些定义灵活地进行调用控制。

（2）事件监听

如果记账簿发生了改变，如何通知微服务，是区块链网关中事件监听发挥的作用。目前很多区块链平台并没有提供事件接口，即使未来有也很难统一，前面也说过，智能合约运行在沙箱中，为保证数据一致性不可能支持对外部服务的调用，也不能作为事件监听的回调，这样就需要在区块链网关中进行处理。微服务可以注册对某一类交易进行监听，区块链网关定时通过区块链平台的查询接口检索，发现数据变更时通知微服务。这是一个效率不高的方法，但区块链平台本身性能也不高，时延主要由共识机制造成，轮询的做法并不会有太大影响，这也是区块链平台本身需要提升的地方。

（3）数据一致性

不能把所有数据都存储在区块链平台中，而是将交易数据存储在区块链平台，这样就有了本地数据库数据与区块链交易数据的一致性问题。一般来说，很难依赖区块链平台支持事务的回滚，因为这个分布式的记账簿一旦记账就很难更改，区块链平台也未必能实时给应用反馈记账是否成功。因此，区块链网关需要和微服务配合保证数据的一致性，一般情况下微服务中的业务处理采用异步模式，发出记账申请后处于等待状态，区块链网关将记账申请转发给区块链平台。如果区块链平台返回接受或者拒绝，将结果通知微服务；如果区块链平台返回超时或者不可确定错误，即开始定时轮询，得到结果后通知微服务。同时，微服务本身需要具备事务补偿的模式，如果记账失败则进行反交易处理。这种数据一致性处理的方式，是微服务多种处理方式中的一种，一般使用服务编排的方式降低这种模式的开发复杂度。

2.4 小结

企业级区块链基于低门槛、高可用等优势，催生了国内外一大批优秀的典型案例，企业级区块链将继续在企业级应用领域发挥信任基石作用，各行各业也将加大自主研发的投入力度，确保应用安全可控。

（1）企业级区块链是一种适应企业级应用特点的区块链架构

在涉及多方交易的场景中，目前的企业级应用各自记录己方的交易数据，不同交易方多个账本间的数据差异会引起分歧与争议，因而需要人工对账或第三方中介裁决，增加结算时间和交易费用。区块链技术实现了交易数据在写入前共识验证、写入后难以篡改的分布式记账，可信地保证了多机构间的数据一致性，避免了人工对账和中介机构的介入，有效缩短结算时间、降低交易费用。企业级区块链是为了满足企业级应用特点和要求而提出的一种区块链应用架构，它提供节点准入机制，使得每个节点经过授权才可加入网络，部署于企业联盟内，实现的是弱中心化，是应用区块链技术优先选择的方向。

（2）BaaS+SaaS 逐渐成为企业级区块链架构发展的主流方向

联盟链是国内区块链最重要的发展方向，为企业级区块链应用提供了基本框架。随着区块链技术的发展和应用推广，区块链逐渐呈现出平台云化、应用微服务化的发展趋势。

BaaS 以云作为基础资源，为区块链网络的创建、管理、运行以及应用提供快捷部署和可视化管理平台，降低了区块链应用的开发部署成本，已成为区块链技术企业最重要的服务形式之一。

微服务架构是一个分布式的应用技术架构，目的是有效地对应用进行拆分，实现敏捷开发、快速演化、便捷容错与弹性伸缩。区块链技术本质上是一种加入业务特性的分布式数据库。微服务架构天生具备与区块链网关集成的能力，两者的结合，可以把区块链平台作为一个第三方应用进行交互，同时配合微服务应用框架，实现基础模块组件化、功能模块服务化、模块替换插件化、系统内核微型化、资源整合管理化以及用户需求定制化，促进区块链的应用与发展。

（3）坚持自研，保持核心技术自主可控

当前，大多数互联网企业已构建自己的区块链底层平台，加大投入和创新力度，确保企业级区块链核心技术自主可控。

参考文献

[1] SAINI K, CHELLIAH P R, SAINI D K. Essential enterprise blockchain concepts and applications[M]. Florida: CRC Press, 2021.

[2] PECK M E. Blockchain world - Do You need a blockchain? This chart will tell You if the technology can solve your problem[J]. IEEE Spectrum, 2017, 54(10): 38-60.

[3] 靳世雄，张潇丹，葛敬国，等. 区块链共识算法研究综述[J]. 信息安全学报，2021，6(2): 85-100.

[4] 薛立德. 区块链共识算法及其应用研究[D]. 合肥: 中国科学技术大学, 2021.

[5] 陆歌皓，谢莉红，李析禹. 区块链共识算法对比研究[J]. 计算机科学, 2020, 47(S1): 332-339.

[6] 问泽雨. 基于分布式共识的 Gossip 算法及时间同步研究[J]. 信息与电脑(理论版)，2020, 32(19): 50-51.

[7] 崔一举. 基于半分布式区块链网络 Gossip 算法的改进与优化[D]. 金华: 浙江师范大学, 2020.
[8] 林华, 王勇. 区块链技术驱动金融[M]. 北京: 中信出版社, 2016.
[9] 何帅, 黄襄念, 陈晓亮. 区块链跨链技术发展及应用研究综述[J]. 西华大学学报(自然科学版), 2021, 40(3): 1-14.
[10] 黄梦妍. 区块链跨链关键技术研究[D]. 北京: 北京邮电大学, 2021.
[11] 黄舍予. 隐私计算 + 区块链：让数据真正成为生产要素[N]. 人民邮电报, 2021-09-15(3).
[12] CHRISTIDIS K, DEVETSIKIOTIS M. Blockchains and smart contracts for the Internet of Things[J]. IEEE Access, 2016(4): 2292-2303.
[13] Current status and prospects of blockchain technology development[EB]. 2016.

第 3 章 思极链

作为面向企业级应用的平台，思极链从设计之初，就致力于为能源行业的落地应用提供自主可控的通用底层平台支撑。思极链易于集成和运维，适合企业使用，帮助企业用户完成核心业务创新与快速上链，为不同业务应用提供全流程场景搭建和技术赋能。

本章首先阐述思极链的建设背景，然后介绍了思极链的设计思路和设计原则，以及思极链从 1.0 到 4.0 的发展历程，接着对思极链涵盖的关键技术进行讲解，最后对思极链与云计算、物联网的结合成效进行展示，并对思极链平台开展相关测评，表明平台在同行业中占据一定的技术优势。通过本章的内容，读者可对思极链平台及其应用场景有全面的认识。

3.1 思极链的建设背景

区块链技术是国家“十三五”科技规划中提到的重点技术，与大数据、人工智能、物联网并列成为下一代的核心技术，具有战略前瞻性。区块链技术是下一代云计算的雏形，有望像互联网一样重塑人类社会活动形态，并实现从目前的信息互联网向价值互联网转变，可广泛应用于企业信息化领域，特别是跨系统或跨领域的数据共享。

区块链产业链的基础技术是提供区块链应用所依赖的底层协议和算法，为应用开发商构建统一技术标准，降低开发门槛，如致力于企业级区块链技术标准的 Hyperledger、智能合约开发平台 Ethereum 等。平台层面，在海外出现了针对各个行业搭建的开发平台，可帮助开发者快速构建上层应用，如金融领域有 R3 CEV 的 Corda，以及 Chain 的 the Chain Platform，物联网领域有 Ethereum Computer。海外区块链产业链层级逐渐成形，基础技术、平台、应用层面均在快速发展。相比于国外，国内则是一些专注于区块链技术应用的初创公司在从事这方面的工作，如定位于企业级联盟链技术平台的云象区块链。

近年来，随着国内外研究机构对区块链技术的不断研究与应用，区块链的应用前景逐渐受到各行各业的高度重视。国网信息通信产业集团有限公司（以下简称集团）对区块链技术及其在能源行业的应用进行深入的研究，并自主研发了企业级区块链平台——思极链。

思极链是基于企业云的区块链服务平台，自 2016 年集团开展对区块链的研究工作以来，已完成从思极链 1.0 到思极链 4.0 的产品迭代升级，是一款成熟的区块链产品。思极链遵从工信部白皮书技术架构，掌握了自主产权的大量核心算法，具备跨区域部署、企业级安全、一站式服务、多引擎支撑等特点，基于可信存储、智能合约、数据溯源、数据确权及跨链交互五大核心服务能力，以企业级联盟链的方式，提供以可信服务与一致性服务为核心的数据增值功能和跨系统共享的 BaaS 服务。

3.2 思极链设计思路及原则

区块链发展到了现在，产生了很多不同形式的区块链技术。随着技术的发展，目前公认的看法是区块链已经走进了 2.0 时代。区块链 1.0 是以比特币为代表的去中心化“数字货币”区块链系统，而区块链 2.0 则是引入了智能合约的区块链系统。思极链则是建立在上述背景下将区块链技术进行二次开发应用的企业级区块链服务平台。

思极链是区块链在能源互联网的落地应用，主要面向基于云的企业级区块链应用，包括共识资源管理、监控管理、数据一致性管理、区块存储方法和数据溯源等，同时通过节点划分，以轻量级的方式执行共识，提升共识效率，缩短区块生成周期，从而提高交易效率，提升交易方的用户体验度。

在设计思路上，思极链遵循自主化、低成本、易集成、强安全、高性能等原则。在产品迭代过程中，使核心算法与组件实现自主可控，使整个产品实现自主化。思极链基于国网云研究成果，与已有信息系统充分融合，从而降低应用成本。思极链符合企业对区块链的技术需求，易与已有业务系统集成，易与云计算、物联网、人工智能、大数据等新兴技术融合。在未来，思极链将强化隐私计算保护技术，完善监控告警及监督机制，采用企业级定制化共识算法，持续提升应用性能。

在设计原则上，思极链遵循模块化、标准化、安全可靠、易用性强、灵活可扩展等原则。

（1）模块化

思极链平台遵循模块化原则，在确保系统核心逻辑稳定的同时，对外提供可拓展边界，实现企业级区块链公共服务平台的高内聚低耦合。

（2）标准化

思极链平台遵循标准化原则，通过定义数据结构和操作接口规范，提升多方业务对接效率，降低应用落地的复杂性，有效支撑公司各类业务应用，提升平台的灵活性和通用性。

（3）安全可靠

思极链平台作为企业级区块链服务平台，更适用于跨行业交互、主体多、价值链长、沟通复杂、安全要求高的场景，如电力交易、供应链金融、光伏补贴等，区块链技术可满足数据共享、主体互信、多业务主体参与以及数据与应用安全需求，因此，在系统关键环节设计中，须采用软硬件资源设计高可靠性方案，并结合多种安全机制和技术手段保障系统的安全稳定，满足 7×24h 可靠运行的要求。

（4）易用性强

思极链平台为满足不同企业需求遵循易用性设计原则。平台旨在为企业各类业务提供数据安全存储、可信共享环境，支撑企业级区块链业务试点应用，为保证平台与实际业务有机结合，需从能源、金融、政务等领域的实际业务场景出发，分析不同领域业务的共性需求。例如，数据共享需求，日益增长的新兴业务需要数据在行业之间安全共享；主体互信需求，业务所有参与者之间需要在异构网络环境下迅速建立“互信”；多业务主体需求，为构建能源互联网新型业务生态，需要吸引更多业务主体参与；全链路安全需求，新型能源互联网业务引入更多第三方应用，存在大量数据与应用安全需求；数据可信存储服务需求，根据用户实际需求，提供数据可信存储能力，解决用户以往不知道数据是否被篡改的问题；智能合约服务需求，可解决交易类自动执行需求，提供智能合约服务，解决用户无法自主构建合约并自动执行的问题；数据溯源服务需求，解决用户数据溯源的需求，提供基于时间戳的可信溯源方法，解决数据追溯多源头导致的数据不一致问题；数据确权服务需求，解决用户数据确权问题，提供基于时间与密钥授权的数据确权方法，解决数据单体与多体确权一致性问题；跨链交互服务需求，提供数据跨链交互能力，提供基于事件与交互出发的跨链方法，解决跨链查询与存储问题。

（5）灵活可扩展

思极链服务平台的应用场景复杂多样，要求系统具备良好的扩展性和可移植性，能够在对现有系统影响最小的情况下，同时保持系统的可持续扩展和稳定提升的能力，可以对需求变更快速响应。

3.3　思极链的发展历程

思极链 1.0——基于云的企业级区块链服务平台：依托工信部白皮书架构设计规范，构建稳定且易于扩展的区块链技术架构，实现企业级区块链服务组件自主化研发；通过研发一致性服务、可信服务、隐私服务、分布式微应用端到端构建服务等功能，实现基本区块链的功能研发；基于一体化“国网云”构建 BaaS，实现企业级区块链以云服务的方式对外提供服务。

思极链 2.0——支撑区域综合能源交易的区块链服务平台：在思极链 1.0 平台研发基础上，集成联盟链管理、联盟链监控管理、交易匿名撮合管理和用户数据访问授权管理等功能，面向企业用户提供基于区块链技术的区域能源动态消纳业务应用。思极链 2.0 作为国网链后台核心组件，将持续支撑国网链统推建设。

思极链 3.0——企业级区块链服务平台优化提升：思极链 3.0 建立在各种高并发上链业务存储需求及异构区块链间数据交互需求不断增多的背景下，主要是对公司已有思极链产品进行性能提升及优化，从业务处理性能和功能两方面展开研究，通过该研究，进一步提升公司级区块链公共服务能力，有效支撑系统内部各单位需求，形成一批具有示范效应的区块链应用场景。

思极链 4.0——能源区块链应用开发平台：随着区块链技术的不断发展，业务应用需求不断增加，已有的思极链服务平台功能已不能完全满足业务需求，因此，思极链 4.0 平台主要针对能源领域业务应用进行系统功能适配改造。通过该研究，解决了思极链产品在能源应用方面的共性需求问题，提供快速的一站式区块链服务，为实现区块链在企业级应用提供理论与实践依据。

（1）思极链 1.0

思极链 1.0 的建设从逻辑上分为 5 层，分别为数据层、引擎层、服务层、应用层和业务层，如图 3-1 所示。

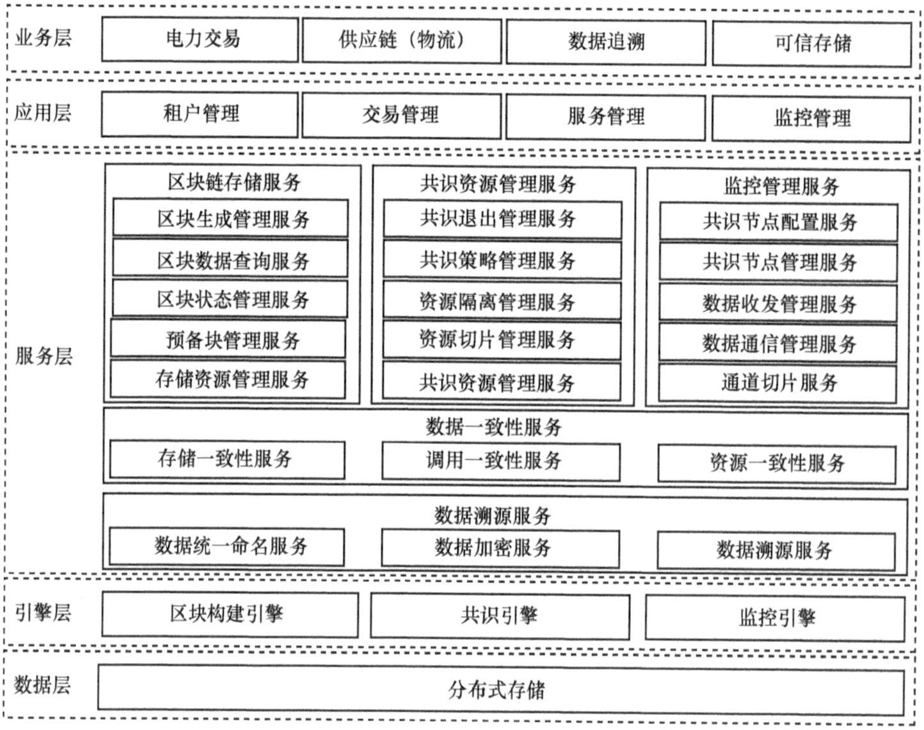

图 3-1　思极链 1.0 逻辑架构

- 数据层主要功能是提供区块数据存储，由于在联盟链中每个共识节点均需要存储全量数据，因此在数据层提供基于租户的数据存储方法，一方面满足不同租户存储需求，另一方面保证数据的隔离性。
- 引擎层主要包括区块构建引擎、共识引擎和监控引擎，通过这 3 个核心引擎支撑上层服务。区块构建引擎主要支撑区块存储服务，提供基于配置文件的区块存储类型，包括区块生成时间间隔、区块大小等具体功能；共识引擎是思极链平台的核心，主要采用企业级快速共识算法，实现对已有业务数据的快速投票和选举；监控引擎对构建引擎和共识引擎进行监督，满足在分布式环境中的实时监控和资源管理要求。

- 服务层是结合云环境，在云端以租户的方式提供区块链服务。具体分为共识资源管理服务、监控管理服务、区块链存储服务、数据一致性服务和数据溯源服务。共识资源管理服务主要实现在租户层面上对共识资源的管理；监控管理服务主要对租户内共识节点的状态和过程进行管理；区块链存储服务保证租户数据的隔离与安全；数据一致性服务提供数据的可信证明；数据溯源服务提供基于区块数据的可追溯结果。
- 应用层提供租户管理、交易管理、服务管理、监控管理等服务。
- 业务层是对链上在电力交易、供应链（物流）、数据追溯和可信存储领域的应用。

思极链 1.0 围绕研究"基于租户的共识资源管理、基于租户的监控管理、基于租户的区块存储方法、基于租户的数据一致性服务以及基于租户的数据溯源服务"等内容展开。基于企业云的思极链服务平台旨在支撑多种业务场景，实现对不同的业务数据进行存储支撑。例如，在财务审计场景中，思极链可通过分布式存储核心数据、智能合约存储审计方法的方式，解决财务数据被篡改和审计方法不一致的业务痛点；在供应链金融场景中，通过思极链平台构建基于核心企业的可信供应链金融生态圈，有效解决供应链上下游信息不对称问题，解决中小型企业进行快速融资的需求；在电力交易场景中，利用区块链技术构建安全可信的交易环境，利用智能合约保证合同的按期执行，解决由合同执行条件不一致导致的纠纷问题，吸引更多的用户来环境中进行交易，提高环境中的交易量。同时，思极链 1.0 项目的研究也可以为国家重点研发项目"智能电网"中"面向新型城镇的能源互联网关键技术及应用（共性关键技术）"的信息支撑技术提供技术支持。思极链 1.0 项目旨在支撑国网浙江电科院"基于区块链的共享充电桩运营支撑服务系统及应用"项目，在国网浙江公司进行试点落地，扩大公司在体系内区块链技术的影响力。

思极链 1.0 平台主要面向行业基于云的企业级联盟链，包括区块链体系结构、多链互联、企业级共识算法以及与智能合约的结合应用，具有自己的特色，有助于新型信息化架构和行业应用落地，解决了区块链技术的验证问题，满足项目需求，为实现区块链在企业级上云应用提供理论与实践依据。

（2）思极链 2.0

思极链 2.0 从逻辑上分为 4 层，分别为数据层、引擎层、服务层和应用层，如图 3-2 所示。

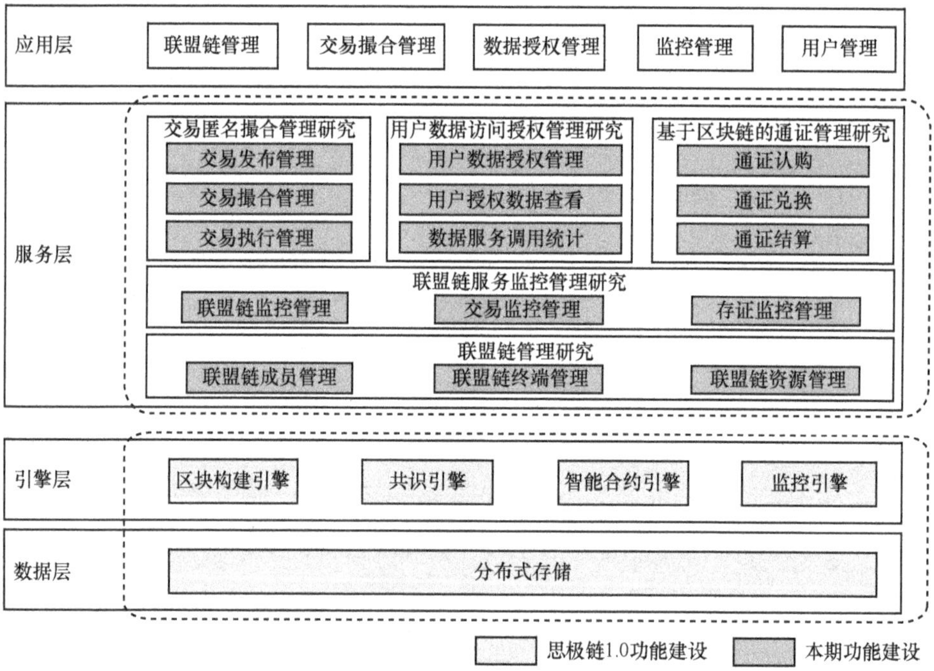

图 3-2　思极链 2.0 逻辑架构

思极链 1.0 提供区块链底层共性的通用功能，并不涉及实际的业务支撑功能。思极链 2.0 为有效支撑能源互联网的更进一步落地应用，基于思极链 1.0 的研究成果，通过开展支撑业务功能的研发，构建支撑区域综合能源交易的区块链服务平台，解决能源就地消纳并实现供需最优化动态匹配，为智慧园区能源交易提供技术和平台支持。

思极链 2.0 平台依托区块链技术去中心化、公开透明、不易篡改、可追溯等特性，通过构建支撑区域综合能源交易的区块链服务平台，集成联盟链管理、联盟链服务监控管理、交易匿名撮合管理、基于区块链的通证管理和用户数据访问授权管理功能，支撑企业级新型能源交易模式下的区域能源动态消纳业务应用，可以有效解决综合能源交易中面临的数据安全、可信、实时共享等问题。通过构建基于区块链的综合能源服务平台，为能源供需双方提供精准能动撮合渠道，保证资源实时监控与动态调配，保护数据隐私的同时最大化能源数据安全可信透明共享，实现能源高效消纳，提升交易效率与用户体验。

思极链 2.0 支撑区域综合能源交易区块链服务平台，秉承自主创新的实践原则，通过在不可信的承载网基础上，建立去中心化的交易管控机制，实现综合能源分布式交易应用场景下能源数据的安全可信与透明共享，支撑智慧园区综合能源可信服务等诸多应用，提高工作效率，降低实施成本。

（3）思极链 3.0

思极链 3.0 在已有思极链平台研发成果的基础上，主要围绕平台的性能优化提升和业务应用试点拓展进行研究、完善开发，形成思极链平台性能优化提升和思极链平台应用探索研究。

思极链 3.0 的主要创新在于提出了一种加速大量节点反馈结果的共识处理技术，改善在较多节点参与下的共识效率；提出了一种在不破坏链上数据的同时进行系统升级维护的方法；研究了广播通信、信息加/解密、共识机制、交易验证机制关键技术，提升系统的响应时间和吞吐量。

思极链 3.0 围绕研究“业务并发处理优化、智能合约优化提升、核心功能组件优化提升、思极链运维功能建设、微服务化改造及云服务组件适配改造”

等内容展开。通过该研究，实现思极链的优化改造自主化研发，并利用 Go 语言对其进行重构，提升了思极链的处理性能；实现思极链运维功能研发，实现对可视化监控展示、合约数据可视化的研发及系统版本升级管理办法的研究，为后期运维人员对思极链产品的维护、改造升级提供了有效支撑；实现了思极链产品对云平台的网关、中间件、数据库等的适配改造，满足应用适配集成需求，并在需求侧响应、供应链金融、设备检测报告等领域进行推广，实现区块链服务平台在试点的部署以及功能验证，如图 3-3 所示。

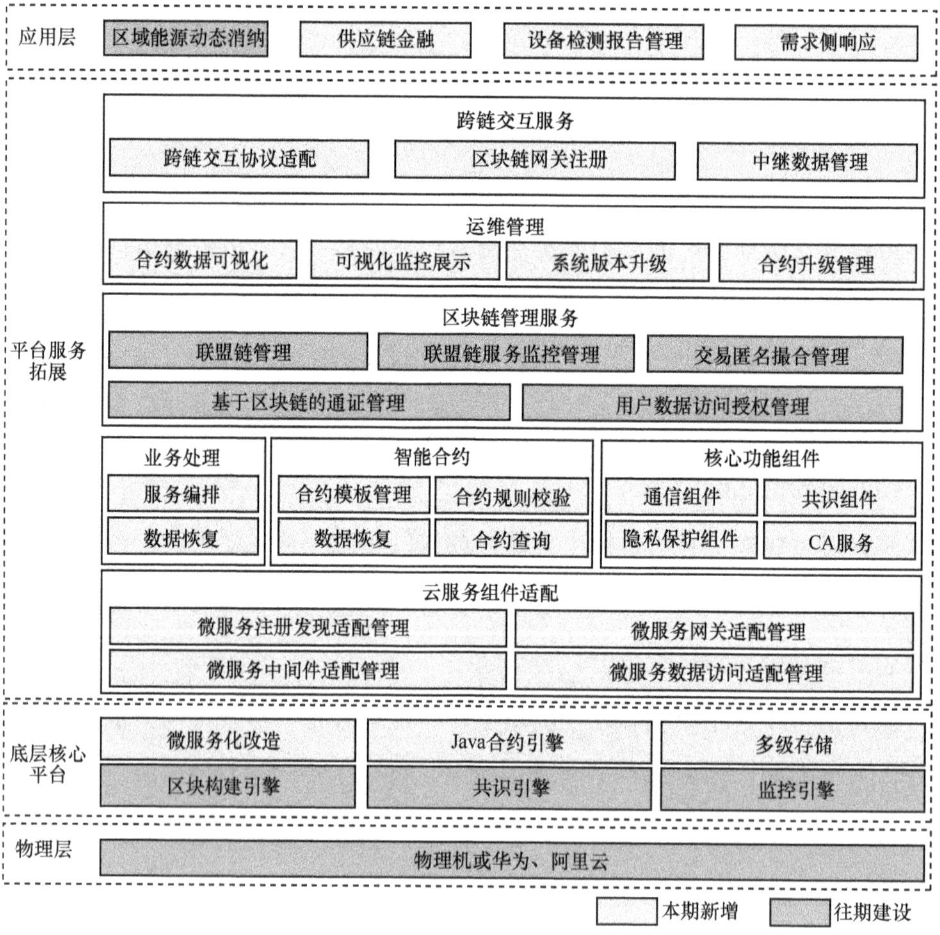

图 3-3　思极链 3.0 逻辑架构

物理层主要为用户提供多样化的部署模式，用户可自主选择在物理机或华为、阿里云上部署。底层核心平台用于实现区块链的基础功能，包括区块构建引擎、共识引擎和监控引擎，区块构建引擎主要支撑区块存储服务，提供基于配置文件的区块存储类型，包括区块生成时间间隔、区块大小等具体功能；共识引擎是思极链平台的核心，主要采用企业级快速共识算法，实现对已有业务数据的快速投票和选举；监控引擎对区块构建引擎和共识引擎进行监督，满足在分布式环境中的实时监控和资源的管理。为增强思极链云端应用，更好地利用云端弹性扩展等特性支撑用户增长需求，思极链 3.0 完成对底层平台的微服务化改造。为了支持智能合约技术的开发，在底层核心平台提供了 Java 合约引擎，用户可调用该引擎完成代码编译实现智能合约。考虑到业务频繁读写操作对区块链性能的影响，思极链平台新增了多级存储的功能，通过多级缓存技术实现数据的高效操作。

对思极链 3.0 平台的研究与应用，可以满足更大的业务上链需求，更好地支撑业务处理效率、自动化事务处理及外部数据交互需求，促进公司思极链产品性能的进一步优化提升，推动国家电网有限公司建设具有中国特色国际领先的能源互联网企业，打造“1 个底层基础服务平台+N 个上层业务应用集成”的区块链公共服务能力。逐步探索区块链在集团各业务场景下的应用价值和商业模式，持续推进区块链技术在能源、政务、金融等多个领域的应用与落地，实现“区块链+”的新型解决方案，形成具备可复制、可推广条件的数据增值商业模式，支撑集团新型电力系统建设。

（4）思极链 4.0

思极链 4.0 从逻辑上分为 4 层，分别为区块链底层、基础支撑层、业务共性支撑层和应用层，如图 3-4 所示，主要围绕能源领域应用共性需求开展集中优化与研发，形成面向能源业务应用的通用区块链底层平台，减少重复开发成本，提高业务支撑效率。

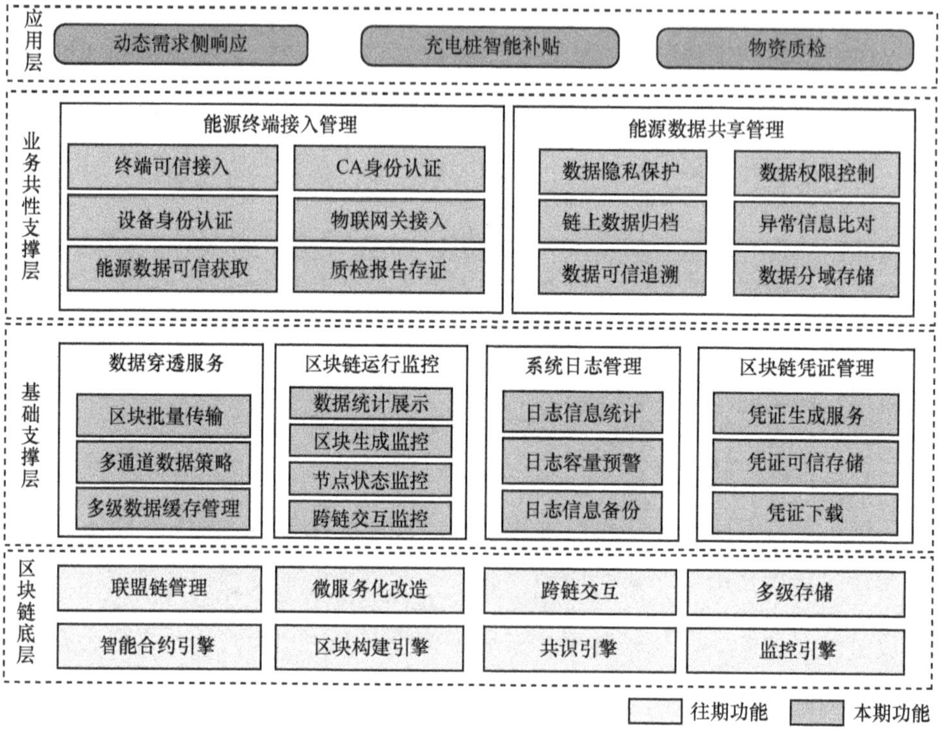

图 3-4　思极链 4.0 逻辑架构

思极链 4.0 围绕“数据穿透服务、区块链运行监控、系统日志管理、区块链凭证管理、能源终端接入管理、能源数据共享管理”等研究内容展开。通过该研究，实现思极链能源应用的共性功能自主化研发，提升思极链能源应用的适配能力，实现思极链产品对国网链、趣链等主流区块链平台的无缝集成，满足多样化应用适配集成需求。

思极链 4.0 的主要创新在于，提出了一种支持以区块为单位的数据穿透服务，有效提升数据内外网穿透效率；提出了一种读写分离的多通道数据传输策略，解决传统穿透过程中不同数据解析效率较低的问题；提出了一种隔离网闸的多级缓存技术，解决数据频繁穿透隔离网闸造成系统性能下降的问题。

思极链 4.0 的建设重点是完成对能源区块链应用共性关键技术的优化与研发。通过构建能源区块链应用平台，开展数据穿透服务、区块链运行监控、系统日志管理、区块链凭证管理及能源终端接入管理、能源数据共享管理等业务支撑功能，支撑浙江动态需求侧响应、河南充电桩智能补贴等业务场景。通过在动态需求侧响应、充电桩建设补贴发放、变压器质量检测等领域进行验证推广，实现区块链服务平台在试点的部署以及功能验证，解决了思极链产品能源应用共性问题，满足项目需求，为实现区块链在企业级应用奠定理论与实践基础。

通过思极链 4.0 服务平台的研究，可以降低国网链业务接入复杂度，提升国网链平台运维管理能力，通过能源区块链应用平台实现内网业务数据的快速上链，形成成熟、完备的思极链产品体系，推动区块链技术在能源、政务、金融等多领域的全面应用，支撑区块链能源领域应用落地，进一步完善国网链对外服务能力，加强能源行业区块链业务试点应用的探索与推广。

3.4　思极链平台关键技术

3.4.1　基于信誉度的联盟节点选举方法

实现基于信誉度的联盟节点选举方法。根据信誉值确定节点的角色，由信誉值最高的节点担任主节点完成区块入链操作，改善传统共识算法需要大量节点参与导致的低效率问题，同时解决传统 BFT 算法主节点失效的问题，每轮主节点实现与 ISC 的集成。传统共识算法中所有的节点通过耗费大量的计算资源去争夺记账权，效率非常低下，而 BFT 算法的主节点通过轮询的机制产生，鲁棒性不高。通过引入信誉度的算法，记录节点对系统的贡献以及节点的状态，给予每个节点一个信誉值，由信誉值最高的节点担任主节点，完成分发请求、收集共识结果等操作，信誉度计算模型如图 3-5 所示。

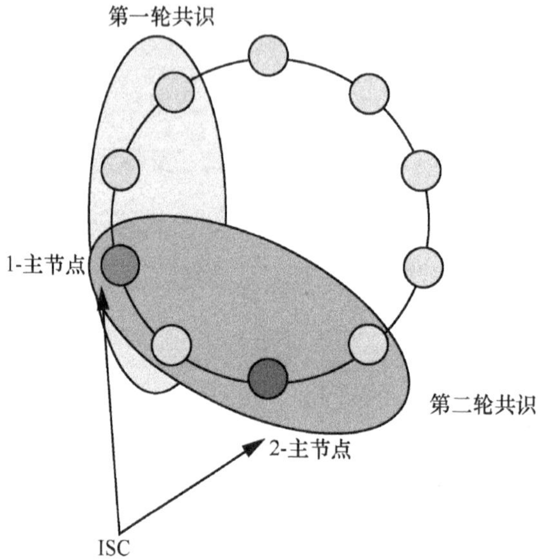

图 3-5　信誉度计算模型

3.4.2　强一致性共识设计

分布式共识是区块链的核心技术，参与共识的节点以分布式的方式部署，在有限时间内就某个提案达成一致，共同维护账本的一致性。以分布式模式部署的区块链系统，节点之间存在失效、故障或宕机的可能，通信网络也存在干扰甚至阻断的情况，因此采用异步的通信方式组成网络集群，保证共识过程的正常进行。

共识的本质是保证区块链系统账本的唯一性、一致性和正确性。在异步通信的网络系统中，共识过程所采用的算法允许具有参与权限的机器连接起来进行工作，并在某些节点失效的情况下，共识过程仍能正常进行，这种容错能力是区块链技术区别于传统技术的主要优势。对于公有链而言，无法保证过程中的一致性和正确性，通常采用工作量证明机制、权益证明机制、股权证明机制等保证最终一致性的共识算法；对于适合企业应用的私有链和联盟链而言，对一致性和正确性有很强的要求，通常采用分布式 Pasox、Raft、PBFT 等强一致性的共识算法。由于实际的系统多以业务为导向，因此支持相关业务的分域共识，一方面通过减少数据频繁调用提升共识效率，另一方面通过数据隔离保护所有者隐私[1]。

PBFT 是 Miguel Castro （米盖尔·卡斯特罗）和 Barbara Liskov（芭芭拉·利斯科夫）在 1999 年提出来的，解决了原始 BFT 算法效率不高的问题，将算法复杂度由指数级降低到多项式级，使得 BFT 算法在实际系统应用中变得可行。该论文发表在 1999 年的操作系统设计与实现国际会议上，作者认为 BFT 算法将会变得更加重要，因为恶意攻击和软件错误的发生将会越来越多，并且导致失效的节点产生任意行为（拜占庭节点的任意行为有可能误导其他副本节点产生更大的危害，而不仅仅是宕机失去响应）。而早期的 BFT 算法或者基于同步系统的假设，或者由于性能太低而不能在实际系统中运作。这篇论文中描述的算法是实用的，因为该算法可以在异步环境中工作，并且通过优化，在早期算法的基础上把响应性能提升了一个数量级以上。作者使用这个算法实现了拜占庭容错的网络文件系统（Network File System，NFS）。

PBFT 协议主要有 3 个阶段：预准备（pre-prepare）、准备（prepare）和确认（commit）。从全网节点选举出一个主节点（Leader），新区块由主节点负责生成。其中一个节点的用户端向主节点发起请求。

预准备：主节点分配一个序列号 *n* 给收到的请求（顺序的保证!），并向全网广播<<PRE-PREPARE，*v*，*n*，*d*>，*m*>。

准备：每个节点接收到交易请求后，模拟执行这些交易，验证交易报文的正确性。验证通过后，存入预备列表，并向全网广播<PREPARE，*v*，*n*，*d*，*i*>。

确认：如果一个节点收到的 $2f$（f 为可容忍的拜占庭节点数）个其他节点发来的 prepare 消息摘要都和自己相等，就向全网广播一条 commit 消息

<COMMIT，*v*，*n*，*D*(*m*)，*i*>。

完成 PBFT 三阶段协议后如果一个节点收到 2*f*+1 条 commit 消息，即可提交新区块及其交易到本地的区块链和状态数据库（操作确认完成）。

目前受限于信息反复交互和网络传输速度，共识效率低下成为制约区块链技术发展的瓶颈。为此，本研究使用改进的 PBFT 算法，当存在网络时延或者节点故障时，可以保证共识结果的有效性和数据存储的强一致性。区块链公共服务平台在 PBFT 算法的基础上进行了优化改进，增加了区块同步的环节，对共识过程进行了更详细的划分和控制，进一步确保各个共识节点存储数据的一致性。BFT 算法缺少“区块同步”环节，导致共识结果统计时效率低的问题。本项目使用改进 PBFT 算法，通过主节点确认区块合法性，减少了大量合法性确认的通信交互，使节点共识的一致性提升了 50%，提高了系统的分布式共识性能，如图 3-6 所示。

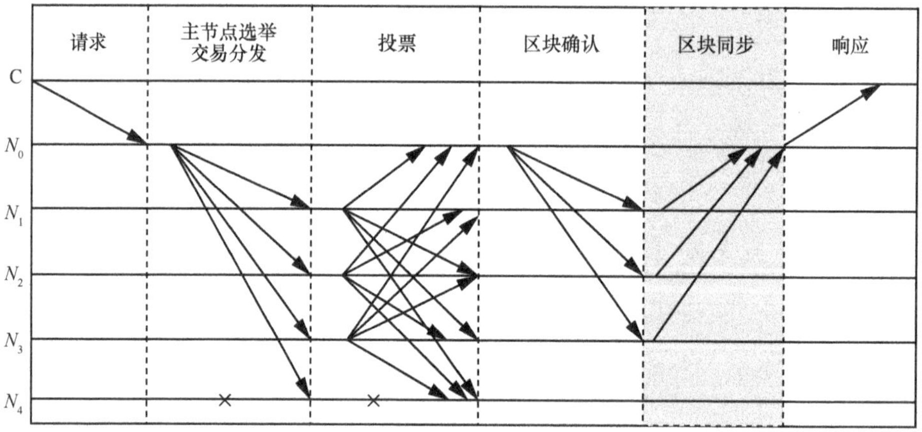

图 3-6　改进的 PBFT 算法

BFT 算法需要经过两轮共识投票才能生成主块，而改进的 PBFT 算法是在第一轮投票共识结束之后，由主节点直接确认区块合法性，提高了系统的分布式共识性能。基于改进 PBFT 算法的共识过程如图 3-7 所示。

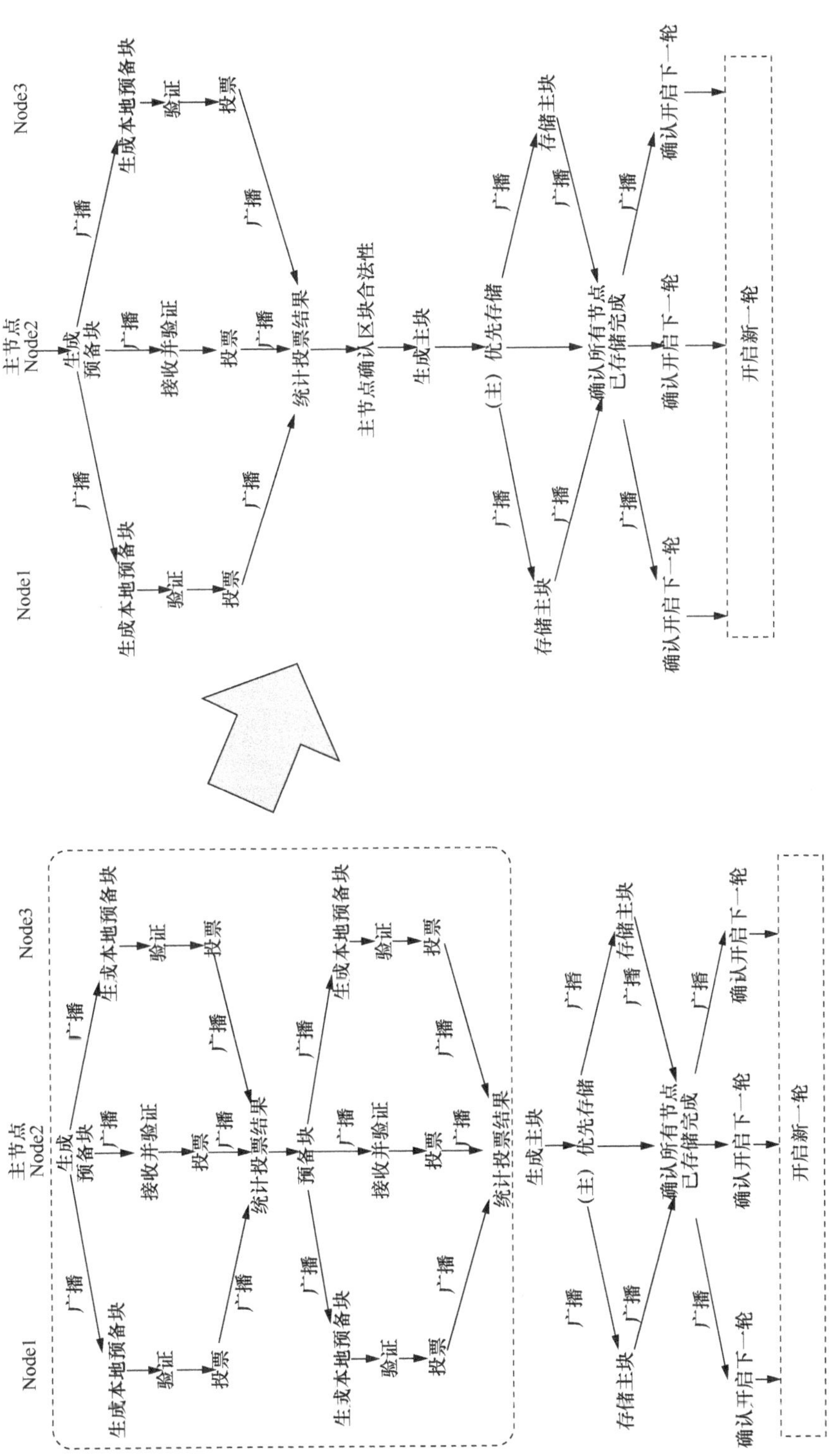

图 3-7　基于改进 PBFT 算法的共识过程

3.4.3 共识节点通信设计

在 gRPC 里用户端应用可以像调用本地对象一样，直接调用另一台不同机器上的服务端应用，使得能够更容易地创建分布式应用和服务。与许多远程过程调用（Remote Procedure Call，RPC）系统类似，gRPC 也是基于以下理念：定义一个服务，指定其能够被远程调用的方法（包含参数和返回类型）。在服务端实现这个接口，并运行一个 gRPC 服务器处理用户端调用。在用户端拥有一个存根能够像服务端一样的方法[2]。共识节点通信流程如图 3-8 所示。

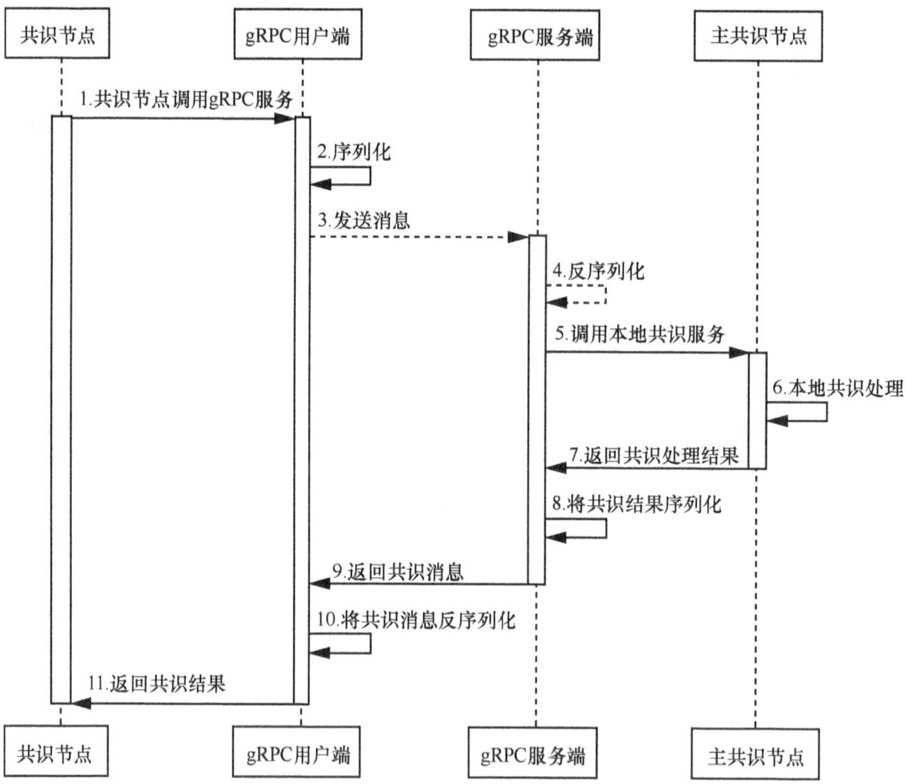

图 3-8 共识节点通信流程

对于开发者而言，具体流程如下。

（1）使用 protobuf 定义接口，即 proto 文件。

（2）使用 compile 工具生成特定语言的执行代码，比如 Java、C/C++、Python 等。类似于 thrift，解决跨语言问题。

（3）启动一个 Server 端，Server 端通过侦听指定的 Port，等待 Client 链接请求，通常使用 Netty 构建，gRPC 内置了 Netty 的支持。

（4）启动一个或者多个 Client 端，Client 也是基于 Netty，Client 通过与 Server 建立 TCP 长链接，并发送请求；Request 与 Response 均被封装成 HTTP2 的 stream Frame，通过 Netty Channel 进行交互。

3.4.4 共识节点监控设计

日志监控采用基于令牌的 gRPC 异步请求，每 2s 向监控节点发送心跳数据（节点标识、节点 IP 地址、节点端口、节点时间）实现对各共识节点的监控，由监控节点分别将共识过程数据写入日志文件，节点运行状态数据写入 Redis，并通过队列机制将最终结果写入数据库；通过对数据上链接口的监控，实现对交易、存证等数据上链的接口认证与数据传输监控[3]。日志监控技术如图 3-9 所示。

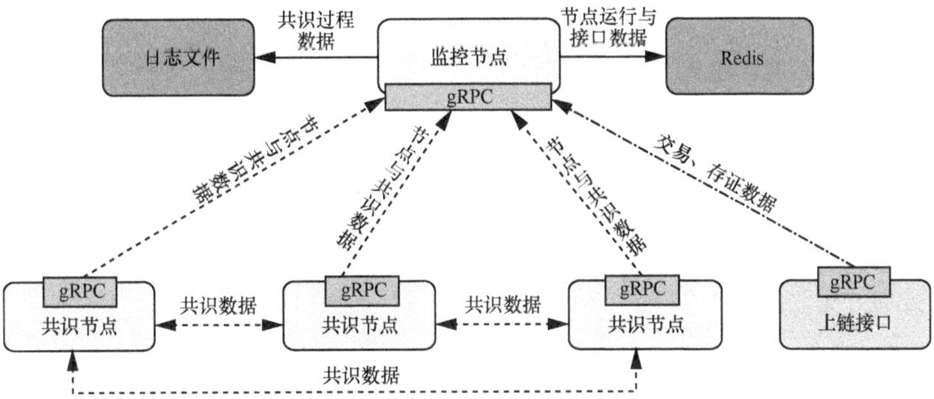

图 3-9 日志监控技术

3.4.5 共识节点时间同步设计

区块链数据共识需要各节点的时间一致，不会产生心跳时间上的差异，需要各节点的时间进行同步[4]。目前采用各数据中心的网络时间协议（Network Time Protocol，NTP）进行配置后实现各节点的时间一致。

3.4.6 区块链服务限流实现设计

基于Nginx实现区块链公共服务系统用户并发数50的并发请求控制和API请求控制；基于Redis 计数器实现区块链公共服务系统的数据上链控制，上链数据会先存储在 Redis 缓存池中，缓存池设置有上限与下限。当上链数据容量到达上限时，会暂时关闭上链接口。待数据上链后使缓存池中数据到达下限，再开放上链接口，接收上链数据[5]。

3.4.7 数据穿透隔离装置设计

随着区块链应用的不断增多，企业数据的内外网穿透已成为各单位亟须解决的共性问题。现有数据穿透技术，是在不同网络下利用共性兼容协议对数据库字段进行封装，数据穿透通过后，再通过反协议转换策略，进行数据对解析获取，通过共性协议的转换使得两个异构网络可以进行数据交互，从而实现异构网络间的数据传输，但是现有技术存在以下应用痛点。

（1）隔离装置数据传输存在大小限制，对于以文件形式上链的应用系统，需要将大文件分成几个保存到数据库表中，进行分片传输。

（2）不同网络间进行数据传输经过防火墙、隔离装置等核验时，常由于网络抖动、网络故障等原因，需重新发送数据，严重影响区块共识效率与系统处理性能。

区块链应用系统根据数据类型可分为账户数据、区块数据和事务数据。不同类型数据根据功能差异又会存在不同的上链形式，如 Hash（哈希）值、文件、原始数据等，具体情况如下。

- 账户数据：指描述区块链事务的实际发起者和相关方的数据。区块中记录的事务信息均被关联到相关的账户之上，每个区块链服务用户拥有一个或多个账户来使用区块链服务。
- 区块数据：指区块链网络的底层链式数据，用来把一段给定时间内发生的事务处理结果持久化为成块链式数据结构。通常情况下，区块头包含区块相关的控制信息，区块体包含具体的事务数据。
- 事务数据：指描述区块链系统上承载的具体业务动作的数据。其中，事务既包括交易类型事务，也包括非交易类型事务。

思极链针对区块链应用过程中的数据穿透问题展开深入研究，突破数据穿透性能瓶颈，提升企业级区块链公共服务能力。面向区块链内网应用系统，能够支持以区块为单位的批量数据内外网穿透，相比于传统的数据穿透服务装置，通过读写分离的专道专用的数据传输模式，同时利用高效多级缓存技术，避免了应用过程中数据频繁穿透的问题，有效提升了区块链应用系统的数据传输效率。

首先提出了以区块为单位的数据传输方式，解决采用传统数据人字段穿透传输需要传输前解块、穿透后再打块的过程，提升区块上链效率；提出了读写分离的多通道数据传输策略，利用读写分离的模式，结合区块链应用系统存在的账户数据、区块数据和事务数据等类型数据，在隔离网闸设置特定通道包括账户传输通道、区块传输通道、事务传输通道等，保证每个通道传输数据的单一化、专一化，解决传统穿透过程中不同数据解析效率较低的问题；提出隔离网闸的多级缓存技术，将区块数据存放到多级缓存中，待数据达到某个阈值时统一穿过隔离网闸进行数据存储，提高数据穿透效率，解决数据频繁穿透隔离网闸造成系统性能下降的问题，主要功能点如图 3-10 所示。

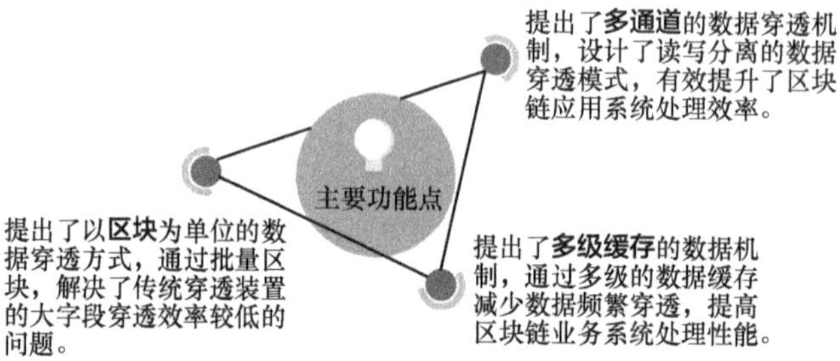

图 3-10　主要功能点

数据上链穿透设计如图 3-11 所示。外部上链系统调用区块链的 API 代理服务将上链数据传给区块链系统；外网定时任务通过定时轮询穿透数据库获得主节点数据库信息，并将相关信息写入缓存服务中；区块链内外网穿透服务调用外网缓存服务获取数据库信息并将上链数据写入内网穿透数据库；内网区块链监控服务定时轮询穿透数据库获取上链数据；内网监控服务调用 API 服务将上链数据写入缓存；内网缓存服务调用共识服务将上链数据进行共识；共识成功后将上链数据写入共识数据库；将上链过程信息写入数据上链日志库，整个数据上链过程完成。

3.4.8　内存数据库设计

内存数据库，顾名思义就是将数据放在内存中直接操作的数据库。相对于磁盘，内存的数据读写速度要高出几个数量级，将数据保存在内存中相比从磁盘上访问能够极大地提高应用的性能。内存数据库抛弃了磁盘数据管理的传统方式，基于全部数据都在内存中重新设计了体系结构，并且在数据缓存、快速算法、并行操作方面也进行了相应的改进，所以数据处理速度比传统数据库的数据处理速度要快很多，一般都在 10 倍以上。内存数据库的最大特点是其“主拷贝”或“工作版本”常驻内存，即活动事务只与实时内存数据库的内存拷贝打交道。

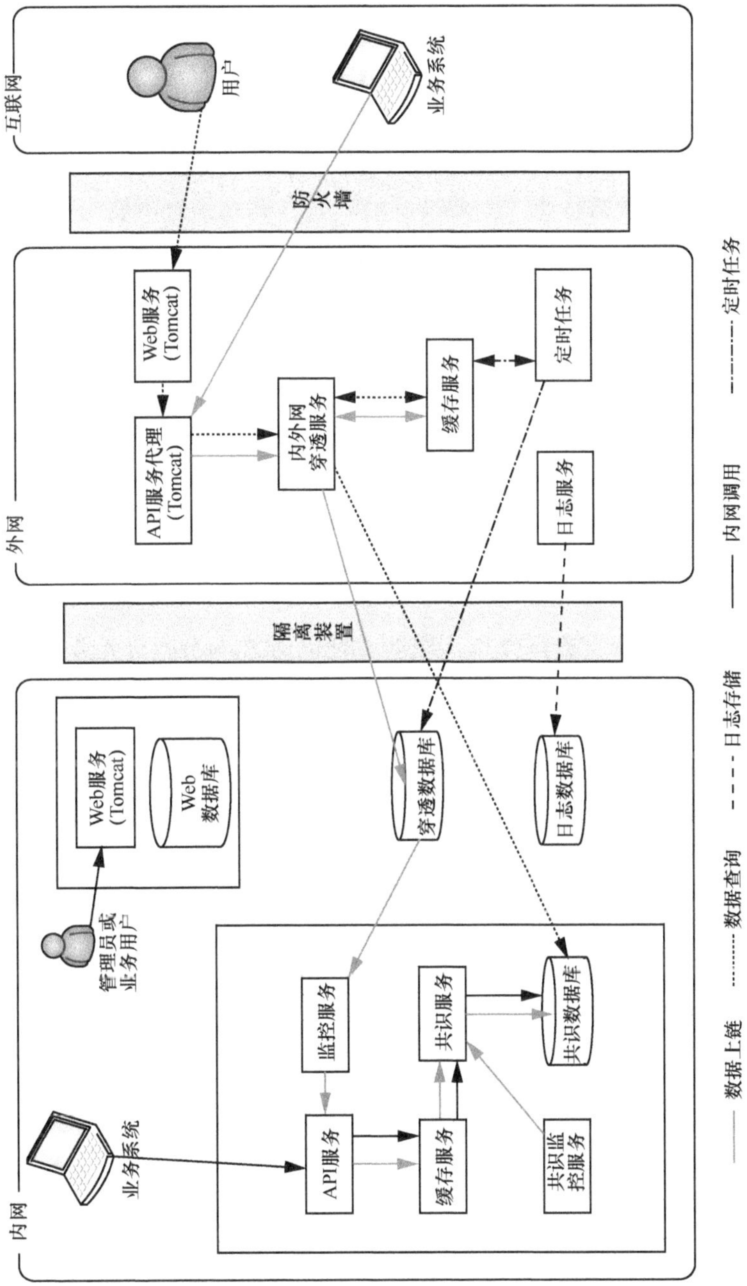

图 3-11 数据上链穿透设计

内存数据库所处理的数据通常是“短暂”的，即有一定的有效时间，过时则有新的数据产生，而当前的决策推导变成无效。所以，实际应用中采用内存数据库处理实时性强的业务逻辑处理数据。而传统数据库旨在处理永久、稳定的数据，其性能目标是高的系统吞吐量和低的代价，处理数据的实时性考虑相对少一些。实际应用中利用传统数据库这一特性存放实时性要求相对不高的数据。

在实际应用中这两种数据库常常结合使用，而不是以内存数据库替代传统数据库。而内存数据库也分全内存计算和热内存计算。全内存计算，即数据需要全部装载到内存中进行计算，对硬件要求高。热内存计算，部分数据加载到内存中即可以进行计算，硬盘和内存会有数据交换来计算未加载的数据。

3.4.9 支持迁移的分域存储架构

采用“分域存储”数据架构，以业务域的方式将不同接入业务进行划分，可支撑数据链承载更多业务，上链业务规划更灵活；业务间数据彼此隔离，通过本链公共服务提供共性数据与服务；链间业务数据迁移更便捷。分域部署设计如图 3-12 所示。

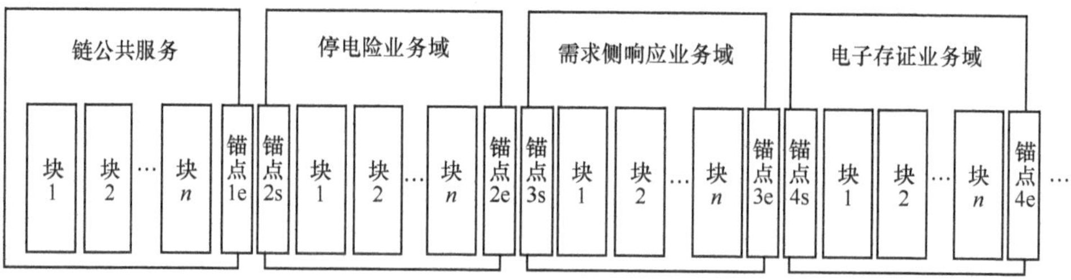

图 3-12 分域部署设计

3.4.10 智能合约管理

思极链服务平台支持对编制的合约内容进行规则校验，包括合约使用编码语言的规范性和相关语法的检测，并具备语言提示不全功能，方便用户编写使用。为保证合约的安全性和规范性，平台能够提供合约内容的合法性和可用性检验，只有通过规则检验后的合约才能进行部署发布，有效防止不合规合约的链上存储与执行。

构建完成后的合约，会自动产生一段可执行代码，与用户交易信息等数据一并存储在区块链中，合约以及数据由创建智能合约的账户进行发送。当触发方式或者条件得到满足后，需要从链中取出相关智能合约代码，根据用户选定的参数执行、触发智能合约，从而实现合约的部署与管理[6]。

在智能合约执行完毕之后，需要将智能合约执行的结果发送给区块链系统，由区块链系统进行全网广播验证后存储从而完成整个合约执行周期。返回结果需要包含合约执行的状态和结果，允许应用服务端根据合约执行状态对合约执行过程进行查验[7]。支持对合约执行进度、合约状态、合约模板等的查询。某些合约被编制并发布执行后，随着业务的发展需要进行合约内容的更替，系统需要支持对同一合约不同版本的管理功能。允许有权限的用户或管理员指定生效的合约版本[8]。

3.5　思极链+

针对场景试用过程中催生的新需求展开功能研发，设计功能、性能更为完整的企业级区块链服务平台。研究内容包括“基于租户的共识资源管理、基于租户的监控管理、基于租户的区块存储方法研究、基于租户的数据一致性服务研究、基于租户的数据溯源服务研究、联盟链管理服务研究、交易匿名撮合管理研究、智能合约管理研究、数据穿透服务研究”等内容。

3.5.1 思极链+云计算

伴随着应用的复杂化，同时为了支持更多的用户，企业对于计算力的需求越来越大，为了满足需求企业被迫购买大量的硬件设备（如服务器、存储、带宽等）和软件（如数据库、中间件等），对于初创企业来说，这些成本成了压在企业身上的一座大山。在万物互联的现在，为了摆脱这个负担，越来越多的企业和应用纷纷上“云”。

区块链技术跟云计算技术一样都是底层共性的支撑技术。云计算提供弹性的基础设施环境，区块链提供了可信数据服务。将区块链系统部署在云环境上将可以提供弹性的可信数据服务，最大限度发挥两者的优点和长处。

因此，思极链进行了云服务化改造，主要包括如下两部分。

（1）区块链云服务模板定义

区块链服务云化，是指将区块链系统部署在云上，方便业务系统在开发、测试和实施阶段，灵活地申请到弹性的区块链服务资源（类似于一键部署），提升效率。通过区块链云服务模板的定义可以实现区块链运行环境的一键部署。通过对区块链部署架构的分析，定义标准的区块链云服务模板，用户可根据自己对区块链运行环境的要求，输入相关参数，实现区块链服务运行环境的部署。

（2）区块链弹性运行环境支撑

区块链服务云化后，立即可以享受云平台附带的各种好处，而无须系统另行开发，提升了效率，节省了资源；借助一体化“国网云”平台的机制，结合区块链的技术实现特征，实现区块链运行时环境的弹性伸缩和故障自愈，保证区块链服务质量。

云服务化的内容实现是依托于一体化“国网云”服务中心的“一键部署”功能，其后台的技术是 K8S。K8S 是一个全新的基于容器技术的分布式架构领先方案，是 Google 开源的容器集群管理系统（谷歌内部：Borg）。在 Docker 技术的基础上，为容器化的应用提供部署运行、资源调度、服务发现和动态伸缩等一系列完整功能，提高了大规模容器集群管理的便捷性。

K8S 是一个完备的分布式系统支撑平台，具有完备的集群管理能力。K8S 具备多层次的安全防护和准入机制、多租户应用支撑能力、透明的服务注册和发现机制、强大的故障发现和自我修复能力、服务滚动升级和在线扩容能力、可扩展的资源自动调度机制以及多粒度的资源配额管理能力，而且内建智能负载均衡器。同时 K8S 提供完善的管理工具，涵盖了包括开发、部署测试、运维监控在内的各个环节。

K8S 中，Service 是分布式集群架构的核心，一个 Service 对象拥有以下关键特征。

- 拥有一个唯一指定的名字；
- 拥有一个虚拟 IP（如 Cluster IP、Service IP 或 VIP）和端口号；
- 能够提供某种远程服务能力；
- 被映射到提供这种服务能力的一组容器应用上。

Service 的服务进程目前都是基于 Socket 通信方式对外提供服务，如 Redis、MemCache、MySQL、Web Server，或者是实现了某个具体业务的一个特定的 TCP Server 进程，虽然一个 Service 通常由多个相关的服务进程提供服务，每个服务进程都有一个独立的 EndPoint（IP+Port）访问点，但 K8S 能够通过服务连接到指定的 Service 上。有了 K8S 内嵌的透明负载均衡和故障恢复机制，不管后端有多少服务进程，也不管某个服务进程是否会由于发生故障而重新部署到其他机器，都不会影响队列服务的正常调用，更重要的是这个 Service 本身一旦创建就不会发生变化，意味着在 K8S 集群中，不用为服务的 IP 地址的变化问题而头疼了。

容器提供了强大的隔离功能，所以有必要把为 Service 提供服务的这组进程放入容器中进行隔离。为此，K8S 设计了 Pod 对象，将每个服务进程包装到相对应的 Pod 中，使其成为 Pod 中运行的一个容器。为了建立 Service 与 Pod 间的关联管理，K8S 给每个 Pod 贴上一个标签（Label），例如运行 MySQL 的 Pod 贴上 name=mysql 标签，给运行 PHP 的 Pod 贴上 name=php 标签，然后给相应的 Service 定义标签选择器（Label Selector），就能够巧妙地解决 Service 与 Pod 的关联问题。

在集群管理方面，K8S 将集群中的机器划分为一个 Master 节点和一群工作节点 Node。其中，在 Master 节点运行着集群管理相关的一组进程 kube-apiserver、kube-controller-manager 和 kube-scheduler，这些进程实现了整个集群的资源管理、Pod 调度、弹性伸缩、安全控制、系统监控和纠错等管理能力，并且都是全自动完成的。Node 作为集群中的工作节点，运行真正的应用程序，在 Node 上 K8S 管理的最小运行单元是 Pod。Node 上运行着 K8S 的 kubelet、kube-proxy 服务进程，这些服务进程负责 Pod 的创建、启动、监控、重启、销毁以及实现软件模式的负载均衡器。

在 K8S 集群中，它解决了传统 IT 系统中服务扩容和升级的两大难题。只需为需要扩容的 Service 关联的 Pod 创建一个 RC（Replication Controller），则该 Service 的扩容及后续的升级等问题将迎刃而解。在一个 RC 定义文件中包括以下 3 个关键信息。

- 目标 Pod 的定义；
- 目标 Pod 需要运行的副本数量（Replicas）；
- 要监控的目标 Pod 标签（Label）。

在创建好 RC 后，K8S 会通过 RC 中定义的 Label 筛选出对应 Pod 实例并实时监控其状态和数量，如果实例数量少于定义的副本数量，则会根据 RC 中定义的 Pod 模板创建一个新的 Pod，然后将新 Pod 调度到合适的 Node 上启动运行，判断 Pod 实例的数量是否达到预定目标，这个过程完全是自动化。

总体来说，K8S 优势在于容器编排、轻量级、开源、弹性伸缩以及负载均衡。该技术在一体化“国网云”的云服务中心中得到广泛的应用，是一项成熟的技术，具备支持区块链组件云服务化的能力。

在功能方面，主要体现如下。

（1）基于租户的共识资源管理

随着企业区块链应用需求的增加，思极链服务平台会接入越来越多的业务系统。在云端的思极链服务需要根据业务的实际需求进行资源的统一管理，满足不同类别系统的需求。因此需要将系统抽象为租户，通过租户的方式在资源层上统一管理与分配。

采用共识域的方法，对可提供给用户的所有容器进行统一管理。每个新增的系统或用户，以租户的方式进行分配与管理，在进行具体配置前首先选择共识节点个数和相关配置；建立起共识域和租户之间的对照关系。同时以每个时间周期为准，对所管理的容器进行检查，当用户需求无法满足时对异常的容器进行预警。

在共识域内，根据租户的实际共识需求，进行资源切片管理。切片方法以容器为最小单位进行分配。在资源切片时，不考虑对容器的细分，仅从数量上进行分配。对资源进行租户方式管理，每个租户采用不同的密钥，在每次共识过程需要对传输内容进行加密，仅本租户内的资源才能进行解码和反馈。

根据租户不同的业务需求，每个租户可以自行配置不同的共识策略，共识策略并不局限于 PBFT 等传统的共识方法，租户可以根据自己的业务特点相应地调整共识策略，例如，安全级别高的业务可增加共识节点个数，安全级别低的业务则相应地减少共识节点个数。根据不同的业务需求调整共识策略，均衡系统的安全性和系统处理速度。对租户的共识资源进行管理，基于企业云的区块链服务平台在共识资源调度上具有弹性，可根据租户的业务需求增加或减少共识节点个数，通过对共识资源中容器的管理调整租户共识资源，包括共识资源的动态退出以及动态加入。

企业级区块链的共识方法是平台的核心，需要的计算资源也相对多。通常来说为了满足 BFT 算法需要至少 4 个共识节点，有的业务由于需要加强可信证明，共识节点个数往往超过 4 个，需要进行自定义划分。因此采用基于租户的共识资源分配方法，解决不同租户的不同共识需求。在思极链平台系统中，业务系统被抽象为租户，系统以租户的形式登录系统，根据不同的租户类型，平台需要满足租户不同的业务，针对租户不同的业务需求进行相应的共识资源配置。为了支持租户的共识资源可配置，需要研究基于租户的共识资源管理方法，根据租户需求提供共识服务。

（2）基于租户的监控管理

在现有市场上的区块链系统中，大部分的区块链系统为公有链系统，即任何组织与个人都可以访问，参与方通过一定的共识机制共同维护同一分布式数据库，各参与主体均为同等地位。随着区块链在企业级的应用，公有链这种完全去中心化的、没有任何监控机制的体系满足不了企业对资源统一管理的要求。因此，需要建立弱中心化的企业级联盟链，通过基于租户的监控管理实现企业对思极链系统资源的监控。

基于租户的监控管理是平台资源管理的核心部分，通过监控管理，建立基于租户的切片化通道，对通道内租户使用的资源进行完整的统计，完成企业对系统资源的监控。在思极链平台系统中，每个租户对应一个相应的共识资源集群，租户与对应的共识集群发生数据交流，在多租户的情况下，通道切片化管理保证了租户与租户之间的数据传输互不影响。

为了保障思极链平台系统通信畅通、系统安全、稳定运行，每次计算区块需要选举出特定的节点作为共识节点，由共识节点主持本次区块的计算和区块认证的工作。在云环境中，租户可以自主配置当前系统中参与共识的共识节点集群，均衡系统运行速度与系统安全性。思极链共识资源集群网络中的共识节点存在动态加入、运行和退出 3 个环节。需要研究共识节点的动态管理技术，包括节点的动态加入、节点的运行状态监控和节点动态退出时的处理功能，保障思极链共识资源的正常使用。

当前系统模拟交易发送过程。当数据到达系统后，系统需要将数据进行暂时存储，当租户数量增大时，需要对大量的数据进行传输，需要高吞吐、高性能的数据缓存系统支持，同时需要对数据的完整性和安全性进行可靠的认证，保证接收到的数据的完整性和真实性，不会出现数据的丢失和篡改的情况。

在思极链平台系统中，为保障数据交互的合法性需提出一套完整的通信数据标准，应满足监控节点、共识节点和数据节点之间数据通信的需求。通信数据应包含发送节点与接收节点的特征数据、需要处理的系统数据等。通过标准化的通信数据，通信双方能迅速地进行数据处理。

在思极链系统中，对接的每一种业务系统可以抽象为一个租户，每一个租户都有对应的区块构建引擎资源、区块存储资源以及数据共识资源，通过监控管理建立基于租户的资源通道，租户可以整合自己目前使用的各种资源，解决了企业级用户对思极链系统的资源监控问题。在思极链平台系统中，基于租户的监控管理对系统共识节点状态进行管理，提升区块链的处理性能。此外，通过共识通信管理，对租户通道进行切片化管理，通过设置共识集群域中共识节点的个数以及修改共识策略，提升区块共识的速度，有效地对区块链性能进行优化。

（3）基于租户的区块存储

随着企业级区块链应用需求的增加，思极链服务平台会接入越来越多的业务系统，在云端的思极链服务需要根据具体的业务需求进行存储资源的统一配置管理，满足不同类型的业务需求。在思极链平台中，业务系统被抽象为租户，租户通过配置区块数据结构、区块生成时间等对存储数据进行管理。

区块链系统中，数据以区块的形式存储在分布式的环境中，针对不同业务类型的租户，要求系统满足区块数据可定制化，研究基于租户的区块存储方法，通过对区块生成规则的管理完成对租户申请存储空间和区块存储内容的管理。区块生成规则为：根据不同的用户群对区块中存储的信息进行灵活的调整，研究区块存储容量、生成时间等策略，以适应具备不同计算能力的节点，提高区块的生成效率。

基于租户的区块结构管理是平台存储管理的核心部分，通过区块存储管理，租户可以自定义区块的数据结构、生成时间等数据匹配租户自己的业务数据，通过对区块数据的自定义，满足租户的数据存储需求。在思极链平台系统中，租户租用存储节点进行业务数据的存储，每个租户对应多个节点组成的存储资源域。系统以容器为单位存储租户业务数据，租户通过存储资源管理查看当前存储容器状态，租户可以根据需求进行容器的增加、减少操作。在思极链平台系统中，当一条存储信息创建并通过网络广播后，节点需要将收到的交易信息存储在一个预备区块中，在该预备区块中存储本轮验证交易的所有交易信息。在这个过程中，需要研究节点接收并处理交易的方法，以及审计交易在区块中的组织形式。

对于区块链上区块间的数据如何与租户之间建立索引，以支持区块数据快速查询这一间距，需要研究基于交易 ID、区块链、租户等方式的检索索引机制，对外提供基于租户的区块数据的快速查询服务。基于不同的租户，满足租户对当前链的存在时间、区块大小、当前主链长度及分支情况的浏览和对区块链处理交易性能的监控，以达到从租户到区块链状态的全面监控。

（4）基于租户的数据一致性服务

云环境中存在大量动态的分布式调用，如何保证服务、接口调用及资源分配的一致性，使得动态分配过程满足用户需求的同时符合云环境自身的资源使用情况，并符合租户所申请的资源需求？提高资源使用效率是实现这一功能需求的关键点。

存储一致性是指，利用区块链技术进行一份数据的跨系统同步存储，实现业务数据的及时更新，具体采用分布式一致性协议，对满足协议的节点进行数据的一致性更新和存储。调用一致性是指，在一体化云的 PaaS 层中，为确保接口调用与版本的一致性，减少由不一致引发的运行不稳定与结果异常等问题，利用区块链技术对调用方式、服务版本和接口提供方的身份与地址进行多节点存储与调用前验证等方法，实现在运行时通过难以篡改的接口调用描述文件进行一致性调用，提升运行过程调用的稳定性与安全性。资源一致性是指，在一体化平台 IaaS 层，为提升虚拟资源层中运行时的动态资源利用率，加强不同用户间的资源协调能力，利用区块链技术将用户资源需求申请信息、用户运行资源与运行环境信息进行区块存储，运行时根据多方存储难以篡改的申请信息，进行资源一致性分配和对运行资源进行统一管理。

在思极链系统中，利用区块链技术，对服务、接口及资源的整体信息及动态信息进行统一存储，利用其信息难以篡改的特性进行多节点备份，在运行时刻采用多方对比验证的方式，动态调整用户的资源一致性使用情况，提高云环境中的资源利用率。研究基于租户的数据一致性，通过对租户的数据、接口进行一致性验证，保证租户资源的正确、合法调用。

（5）基于租户的数据溯源服务

在区块链系统中，数据分布式存储在各节点中，通过数据的分布式存储增强了数据的可信度，能够有效地解决因数据被篡改出现的数据纠纷。然而，随着越来越多业务数据接入思极链系统，系统以租户的身份调用思极链平台数据存储服务，各种业务的数据量急剧增加，如何保证业务数据之间切片存储、业务数据快速查找溯源等问题亟待解决。

为实现云环境中数据内容管理，需要研究基于租户的数据统一命名技术，实现网络环境下自主命名标识和交换数据内容索引的一种开放性系统，为数据内容管理提供一个可扩展的数据统一命名体系。为了保障节点间或租户间数据安全传输，需要对数据加密适配进行研究，对传输数据进行授权加密，并需要结合相应业务适配密钥。为保证数据转发过程安全，需要研究基于租户的访问权限策略，并结合业务特征与需求，在去中心化的网络边缘进行分布式存储，研究数据缓存管理和缓存策略，以及基于数据水印的数据转发溯源方法。

区块链系统中存储有大量租户业务数据，需要保证数据内容存储的安全以及数据转发过程的安全，针对多种类型租户使用系统还需要保证数据历史可追溯、数据流转可追溯。研究基于租户的数据溯源服务，结合云端区块数据存储结构，提供区块数据溯源服务。基于租户的数据溯源服务是平台向租户提供的核心服务，通过数据统一命名技术以及数据加密技术有效保证数据在存储过程中的切片隔离，保证有权限的租户可以查看相应的数据。通过数据溯源服务满足租户快速查看存储业务数据的需求。

（6）联盟链服务管理

随着企业区块链应用需求的增加，越来越多的企业级用户产生接入区块链服务平台的需求，为确保接入平台数据的安全可靠，需要针对用户群体和多样终端进行安全准入研究，同时针对不同业务需求完成联盟链资源的统一调配和统筹规划，提升平台资源利用效率和业务交易安全性。

3.5.2 思极链+物联网

思极链服务平台作为具有自主知识产权的联盟链平台，已通过中国电科院三级等保测试，主要性能指标与国内外同类产品相比，均达到国际先进水平。研发的两类区块链网关，分别是支持树莓派等硬件共识的网关（如图 3-13 所示）以及思极链终端网关（如图 3-14 所示），可支持低功耗设备的边缘侧数据上链服务，物联网关硬件参数见表 3-1。

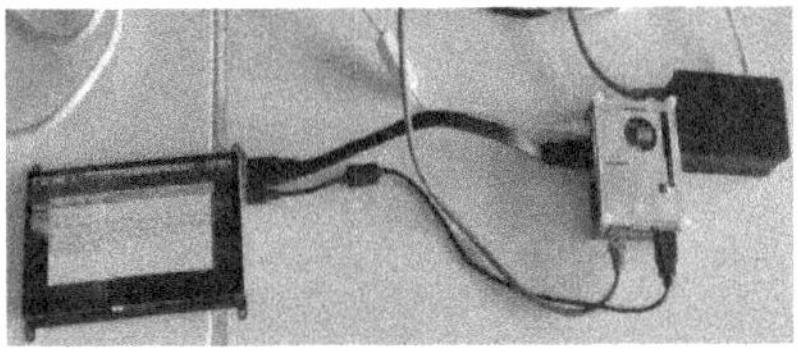

图 3-13 支持树莓派等硬件共识的网关

图 3-14 思极链终端网关

表 3-1 物联网关硬件参数

硬件	参数
主芯片	MIPS24KEC 芯片
主频	580MHz
无线技术	IEEE 802.11N，2T2R 300Mbit/s MIMO 技术
内存	128MB DDR2 RAM
设备接口	1 个 10/100Mbit/s 自适应有线网络接口
电源支持	POE 24V，DC9～24V
Wi-Fi 射频功率	18dBm±2dBm
接收灵敏度	−62dBm@150Mbit/s、−65dBm@128Mbit/s、−69dBm@78Mbit/s
软件升级	固件和软件均可升级
用户管理	可配置用户和密码
工作温度	−10℃～70℃，储存温度：−20℃～80℃
工作湿度	10%～90%RH non-condensing；储存湿度：5%～90%RH

通过应用分布式节点共识算法、非对称加密算法、节点监控设计等多项核心技术，思极链服务平台的企业级共识性能由非主节点选举时的 3500 笔/s 提升到 19000 笔/s，并完成了国内首个在资源受限设备上测试，支持物理机/虚拟机/物联网关/树莓派等 5 类硬件间共识，共识性能达到 1900 笔/s，用户在非安全信任网络中实现毫秒级交换，与已有单链相比，查询效率提升 85%，跨链查询效率提升 60%。

3.6 思极链系统测评

依据中国信息通信研究院（以下简称信通院）2020 年可信区块链测评标准，

如图 3-15 所示，对思极链产品进行功能、性能及安全 3 个方面进行验证，确保思极链平台具备支撑典型业务场景的能力。依据信通院发布的可信区块链测评体系，确定了可信区块链的测试方法，确定了可信区块链性能测试规范，细化了可信区块链测试的信息披露项并全面启动测试工作。针对区块链底层平台，信通院建立了基本功能、性能与安全专项测评体系。通过对比分析思极链服务平台在功能、性能及安全方面与竞品的差距，明确了思极链下一步优化和改进方向。

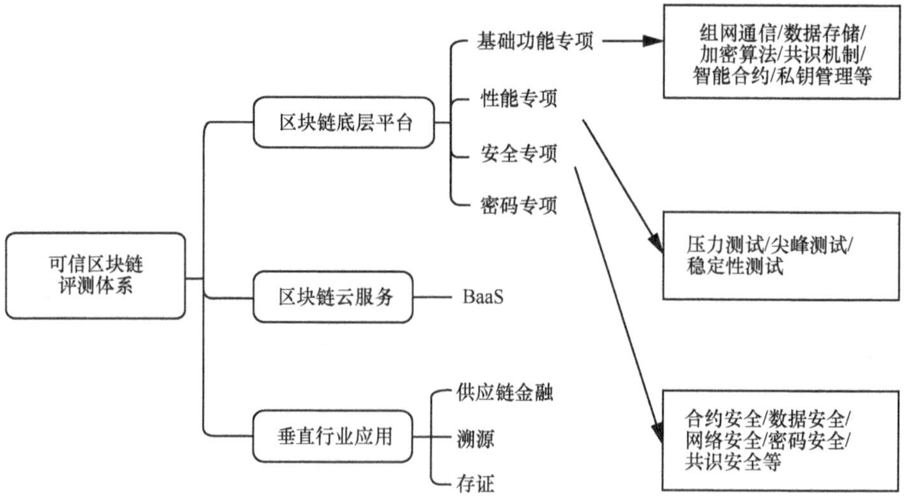

图 3-15　可信区块链评测体系

（1）功能测试

根据可信区块链测评体系，对思极链进行功能测试、效率测试、兼容性测试、易用性测试、可靠性测试、可维护性测试、可移植性测试、用户文档集共 8 项测试，具体功能测试结果见表 3-2。

表 3-2　功能测试结果

功能测试指标	计算公式	指标要求	达成值
需求覆盖率	功能需求数/应测需求数×100%	100%	100%
用例执行率	执行的测试用例数量/测试用例数量×100%	100%	100%
致命、严重缺陷遗留个数	未关闭的致命和严重缺陷个数	0	0

（续表）

功能测试指标	计算公式	指标要求	达成值
一般缺陷遗留数	未关闭的一般缺陷的数量	≤3	0
未关闭缺陷弥补率	有临时解决方案的未关闭缺陷数量/全部遗留缺陷数量×100%	100%	100%
较小缺陷修复率	缺陷等级为较小缺陷数量/缺陷数量×100%	100%	100%
准入标准符合率	《提测申请表》中各项要求全部满足的即100%，否则为不通过	100%	100%

依据可信区块链测评体系，对功能测试结果进行分析，思极链系统满足平台功能、平台高级功能、业务层、参与方管理与审计五大功能模块所有功能并测试通过。

（2）安全测试

根据可信区块链测评体系，对思极链系统应用软件的安全功能 10 项、安全漏洞 20 项；代码安全在输入验证、API 误用、错误处理、代码质量等共 60 项进行测试，安全检测结果见表 3-3。

表 3-3　安全测试结果

测试类型	测试大类	测试项目	测试结果
应用软件系统	安全功能	身份鉴别、访问控制等 10 项	符合
	安全漏洞	sql 注入、文件上传、数据完整性等 20 项	符合
代码安全检测	代码安全	输入验证 19 项	符合
		API 误用 11 项	符合
		安全特性、时间与状态、错误处理 18 项	符合
		代码质量、代码封装 12 项	符合

依据区块链测评体系，对安全测试结果进行分析，思极链系统本次安全测试符合 2020 年可信安全测试要求，并通过公司三级安全测试的 90 项测试指标。

（3）性能测试

根据可信区块链测评体系，基于对思极链系统安全与性能指标间的平衡，在压力测试场景设计时，通过分析业务特点并结合数据接入、数据共识、数据存储 3 个阶段及对应的 6 个核心步骤，对影响系统性能测试指标的 9 个安全功能进行分类。在实际测试中，通过改变安全功能的状态，判断对系统性能测试情况的影响。性能测试结果见表 3-4。

表 3-4 性能测试结果

<table>
<tr><th>编号</th><th>阶段</th><th>核心步骤</th><th>关键功能</th><th>操作步骤</th></tr>
<tr><td>1</td><td rowspan="2">数据接入</td><td>接收用户请求</td><td>身份认证</td><td>通过身份令牌进行身份认证，开启身份认证或关闭身份认证</td></tr>
<tr><td>2</td><td>将数据缓存至 Redis</td><td>数据格式验证</td><td>上链数据格式校验，开启上链接口校验或关闭上链接口校验</td></tr>
<tr><td>3</td><td rowspan="4">数据共识</td><td rowspan="2">打包成预备块并由主节点广播预备块</td><td>SSL 安全通道</td><td>安全通道开关，开启 SSL 通道或关闭 SSL 通道</td></tr>
<tr><td>4</td><td>数据传输加密</td><td>数据传输安全开关，开启数据传输加密或关闭数据传输加密</td></tr>
<tr><td>5</td><td rowspan="2">共识节点设置与主节点统计投票</td><td>上链监控日志</td><td>上链过程监控，开启上链过程监控或关闭上链过程监控</td></tr>
<tr><td>6</td><td>gRPC 通道传输</td><td>通道传输大小设置，设置允许通过 gRPC 传输的数据大小</td></tr>
<tr><td>7</td><td rowspan="3">数据存储</td><td>主节点分发正式块</td><td>大文件隔离穿透</td><td>隔离网闸允许的文件大小，开启大文件传输或关闭大文件传输</td></tr>
<tr><td>8</td><td rowspan="2">共识节点存储正式块</td><td>共识结果存储</td><td>共识投票结果信息存储，开启投票信息存储或关闭投票信息存储</td></tr>
<tr><td>9</td><td>数据存储加密</td><td>数据存储安全开关，开启存储加密或关闭存储加密</td></tr>
</table>

本次测试选取存证上链场景进行测试，根据存证类业务特点，将存证类业务上链分为数据接入、数据共识、数据存储 3 个环节分别进行压力测试。在测试过程中根据业务上链的不同需求，分别进行身份认证、数据格式验证、SSL 安全通道、数据传输加密等 9 个关键功能的不同场景下的性能测试。

阶段 1：数据接入测试，相关配置见表 3-5。

表 3-5 存证数据接入配置

<table>
<tr><th rowspan="2">执行脚本名称</th><th colspan="2">可配置项</th><th rowspan="2">数据接入条数</th><th rowspan="2">并发用户数</th></tr>
<tr><th>身份认证</th><th>数据格式验证</th></tr>
<tr><td>存证数据接入 1</td><td>开</td><td>开</td><td>10000</td><td>100、200、500</td></tr>
<tr><td>存证数据接入 2</td><td>关</td><td>关</td><td>10000</td><td>100、200、500</td></tr>
<tr><td>存证数据接入 3</td><td>开</td><td>开</td><td>2000</td><td>100、200、500</td></tr>
</table>

（续表）

执行脚本名称	可配置项		数据接入条数	并发用户数
	身份认证	数据格式验证		
存证数据接入 4	关	关	2000	100、200、500
存证数据接入 5	开	开	500	100、200、500
存证数据接入 6	关	关	500	100、200、500

数据上链接入测试结果如图 3-16 所示，通过数据上链接入测试折线图可以看出：安全可配置项打开后，系统处理时间增加，处理速度下降。

原因分析：身份认证需要通过权限系统认证，对上链速度影响稍大；数据格式验证对上链速度影响相对较小。

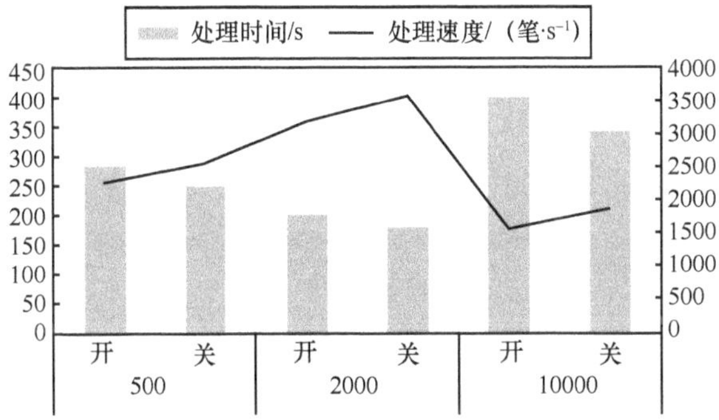

图 3-16 数据上链接入测试结果

阶段 2：数据共识测试，相关配置见表 3-6。

表 3-6 数据共识测试配置

执行脚本名称	可配置项				预备块容量	并发用户数
	SSL 安全通道	数据传输加密	上链监控日志	gRPC 通道传输		
存证数据共识 1	开	开	开	开	10000	100、200、500
存证数据共识 2	关	关	关	关	10000	100、200、500
存证数据共识 3	开	开	开	开	2000	100、200、500
存证数据共识 4	关	关	关	关	2000	100、200、500
存证数据共识 5	开	开	开	开	500	100、200、500
存证数据共识 6	关	关	关	关	500	100、200、500

数据共识测试结果如图 3-17 所示。通过数据共识测试折线图可以看出：安全可配置项打开后，节点共识速度下降。

原因分析：数据传输加解密对共识速度影响比较大；gRPC 通道在开启大数据传输后，共识速度受影响较大。

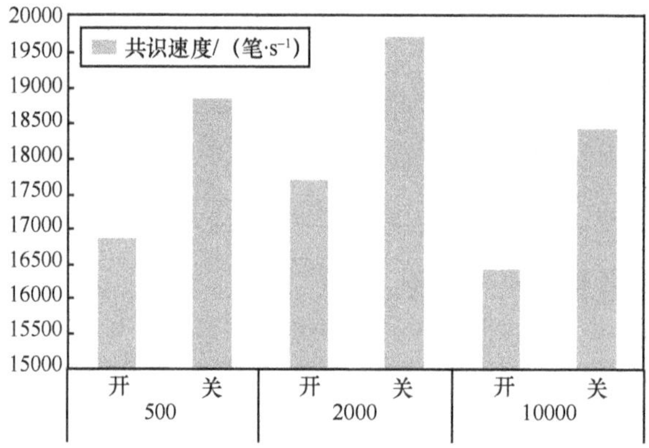

图 3-17　数据共识测试结果

阶段 3：数据存储测试，相关配置见表 3-7。

表 3-7　数据存储测试配置

执行脚本名称	可配置项			正式块容量	并发用户数
	数据存储加密	共识结果存储	大文件隔离穿透		
存证数据存储 1	开	开	开	10000	100、200、500
存证数据存储 2	关	关	关	10000	100、200、500
存证数据存储 3	开	开	开	2000	100、200、500
存证数据存储 4	关	关	关	2000	100、200、500
存证数据存储 5	开	开	开	500	100、200、500
存证数据存储 6	关	关	关	500	100、200、500

数据存储测试结果如图 3-18 所示，通过数据存储测试结果折线图可以看出：安全可配置项打开后，数据存储速度下降；随着正式块容量的增加，数据存储速度下降。

原因分析：数据存储加密对存储速度影响比较大；大文件穿透对结构化数据的存储速度影响相对较小。

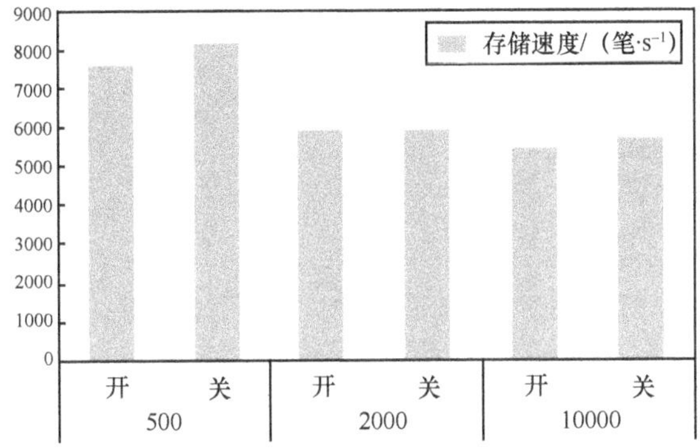

图 3-18　数据存储测试结果

（4）稳定性测试

稳定性测试是指软件长时间执行某个业务后切换到其他业务操作时，软件功能是否受影响，在长时间测试的情况下系统的业务执行情况，服务器资源使用情况是否在合理的范围之内。

对系统进行 500 用户并发、持续 4h 的稳定性测试，共执行 31009525 个业务，直到测试结束时，未出现失败业务，测试结果见表 3-8 和表 3-9，测试过程中，服务器的 CPU 和内存的各项指标检测正常。

表 3-8　业务执行情况

用户数	全部执行业务数/个	业务失败数/个	业务失败率
500	31009525	0	0

表 3-9　服务资源占用情况

资源指标服务器	CPU 资源		内容资源使用情况/MB		
	最大值	平均值	初值	终值	平均值
应用服务器 1	56%	30%	10168.2	10255.2	10211.7
应用服务器 2	58%	32%	11205.6	11568.3	11386.95
数据库服务器 1	3%	2.5%	10268.7	10569.1	10418.9
数据库服务器 2	2.8%	2.3%	11659.6	11754.3	11706.95

（5）典型场景验证

针对存证与交易两类业务场景，本次测试改变安全配置项的测试系统性能指标（见表 3-10），当安全配置项开启时，系统处理速度降低，即每秒接收的交易数量下降，交易上链的平均时延增加。

对测试情况的分析如下。

阶段 1：数据接入环节分析

总部接入环节中，通过测试结果分析，总部三地数据中心接入环节隔离装置对数据上链速度影响极大，单条数据上链耗时如下所示：

- 外网穿透服务调用缓存服务中的耗时为 1s；
- 隔离网闸进入内网穿透库比正常多耗时 20ms；
- 内网穿透服务从内网穿透库取出数据最少耗时 1s；
- 总部接入环节单条数据上链耗时 2.02s。

网省接入环节中，通过测试结果分析，网省接入环节 Redis 缓存抽取数据对数据上链速度影响极大，单条数据上链耗时如下所示：

- 按时间顺序队列化抽取数据耗时为 1s；
- 网省接入环节每个预备块耗时为 1s。

阶段 2：数据共识环节分析

总部三地中心和网省共识环节中，通过测试结果分析，网省共识环节上链数据大小对共识速度影响极大，共识速度耗时如下所示：

- 上链数据大小为 0.3MB 时，时延为 170s；
- 上链数据大小为 3MB 时，时延为 2400s；
- 上链数据大小为 30MB 时，时延为 10465s；
- 上链数据大小为 0.3MB 时，共识速度最快。

表 3-10 测试系统性能指标

场景类别	并发用户数	是否开启配置项					资源监控指标		性能数据指标				
		是否开启SSL 通道加密	是否开启投票信息存储	是否开启储存加密	是否开启上链接口校验	是否开启日志	CPU 负载与使用率	内存使用率	上链交易总数/笔	交易每秒接收量/笔	交易每秒上链量/笔	交易上链成功率	交易上链平均延迟/s
存证数据上链接入	500	是	是	是	是	是	20.23%	50.28%	645648	2203	3197↓	100%	0.116↑
		否	否	否	否	否	22.72%	53.52%	646623	2273	3612	100%	0.093
存证数据共识	500	是	是	是	是	是	55.67%	41.48%	645460	—	3197↓	100%	0.142↑
		否	否	否	否	否	58.53%	44.52%	646623	—	3612	100%	0.118
存证数据存储	500	是	是	是	是	是	3.72%	54.26%	643671	—	3197↓	100%	0.131↑
		否	否	否	否	否	4.53%	58.41%	646623	—	3612	100%	0.104
交易数据上链接入	500	是	是	是	是	是	21.64%	52.21%	641519	2165	3015↓	100%	0.103↑
		否	否	否	否	否	24.37%	57.37%	643062	2201	3552	100%	0.092
交易数据共识	500	是	是	是	是	是	56.25%	43.51%	645455	—	3015↓	100%	0.113↑
		否	否	否	否	否	59.35%	47.13%	643062	—	3552	100%	0.091
交易数据存储	500	是	是	是	是	是	5.41%	57.26%	641573	—	3015↓	100%	0.124↑
		否	否	否	否	否	5.95%	61.53%	643062	—	3552	100%	0.097

阶段 3：数据存储环节分析

总部存储环节中，通过测试结果分析，总部三地数据中心数据共识后直接存储在数据库，按时间上链排队存储机制，并发性低，对数据存储速度影响极大，耗时如下。

- 队列存储时延为：总时间–总时间/正式块数量。
- 总部存储环节耗时为：总时间–总时间/正式块数量。

网省存储环节中，通过测试结果分析，网省接入环节隔离装置和队列存储机制都极大影响数据存储速度，单个正式块耗时如下所示。

- 隔离装置时延为：（正式块数据量/2000）×20ms。
- 队列存储时延为：总时间–总时间/正式块数量。
- 网省接入环节每个预备块耗时为 1s。

本次测试主要针对存证类、交易类两类业务场景，开展功能、性能及安全测试，总结如下。

功能：本系统区块链功能上满足可信功能测试要求中的 45 项，必选检测项目覆盖率 100%；从目前了解到的相关厂商来看，智能合约存在一定安全风险。

安全：区块链安全功能上满足网络安全、共识安全、密码安全、权限控制及准入安全的四大项安全，只有合约安全不具备。

性能：区块链性能测试上满足数据接入性能、数据共识性能两大项要求。数据存储性能因隔离装置影响及区块按时间排队存储成为瓶颈；另外根据测试结果变更软件加解密方式也会显著影响性能。

未来思极链将继续优化部署架构，完善功能，提升性能，着力攻克链上链下数据协同、多链交互、区块链安全防护、隐私数据保护等关键核心技术，突破区块链与电网典型业务融合等技术难题。

3.7　小结

从最初的通用底层区块链技术平台，到现在具有面向应用的可插拔功能模块的 4.0 平台，思极链一直在突破和创新，持续为传统业务改造和新兴业务开拓加码。未来思极链将继续深耕细作，为新型电力系统的构建贡献思极力量。

参考文献

[1] 王继业, 高灵超, 董爱强, 等. 基于区块链的数据安全共享网络体系研究[J]. 计算机研究与发展, 2017, 54(4): 742-749.

[2] 魏欣, 颜拥, 郭少勇, 等. 基于拓扑的命名数据网络缓存优化策略[J]. 电子与信息学报, 2018, 40(9): 2057-2063.

[3] 胡凯, 白晓敏, 于卓, 等. 智能合约工程[J]. 中国计算机学会通讯, 2017, 13(5): 16-22.

[4] 胡凯, 白晓敏, 高灵超, 等. 智能合约的形式化验证方法[J]. 信息安全研究, 2016, 2(12): 1080-1089.

[5] 黄洁华, 高灵超, 许玉壮, 等. 众筹区块链上的智能合约设计[J]. 信息安全研究, 2017, 3(3): 211-219.

[6] 陈志东, 董爱强, 孙赫, 等. 基于众筹业务的私有区块链研究[J]. 信息安全研究, 2017, 3(3): 227-236.

[7] CHEN Z D, YU Z, DUAN Z B, et al. Inter-blockchain communication[J]. DEStech Transactions on Computer Science and Engineering, 2017(cst): 448-454.

[8] WEI X, YAN Y, JIANG W, et al. A blockchain based mobile crowdsensing market[J]. China Communications, 2019, 16(6): 31-41.

第4章 “3060”双碳目标下的“区块链+”解决方案

“3060”双碳目标的提出，对我国未来的绿色发展之路提供了目标指引，更将成为我国未来数十年内社会和经济发展不可偏离的主题。低排放、零排放乃至负排放，会对现有各行各业产生不同层次的影响，而针对碳足迹追踪、碳资产交易、清洁能源消纳等涉及的信息安全、可信追溯等问题，区块链天然的公开透明、多方维护、难以篡改特性，将为各行业践行低碳承诺提供“区块链+”解决方案。

本章首先介绍“3060”双碳目标的提出背景，其次剖析“3060”双碳目标为数字化转型带来的机遇，具体从绿色能源生产侧、绿色能源用户侧的转变开展，最后从能源全流程角度分析区块链技术介入的可行性，为读者在“3060”双碳目标下应用区块链技术提供思路。

4.1 “3060”双碳目标的提出及发展情况

4.1.1 碳中和

气候变化是当今世界面临的最严峻的非传统安全问题之一，严重威胁人类社会的生存和发展。2018年，联合国政府间气候变化专门委员会（IPCC）发布“全球升温1.5℃特别报告”，该报告指出，各国自主贡献与减排承诺严重不足，预计2100年全球温度将上升2.9～3.4℃，给人类社会造成破坏性打击，将温度上升幅度控制在1.5℃以内需要在国家、城市、行业和家庭等各个层面快速推进行为转变、技术升级和系统性变革。联合国环境规划署发布的《2020年排放差距报告》指出，2010年以来，全球温室气体排放量平均每年增长1.4%，2019年全球温室气体排放（包括土地利用变化导致的排放）总量达到591亿吨二氧化碳，创下历史新高，预计到21世纪末，全球气温将上升3℃以上，亟待各国强化气候保护行动。

碳中和最早是一个商业策划概念，由英国未来森林公司（Future Forests）在1997年提出，主要从能源技术角度关注在交通旅游、家庭生活和个人行为等领域实现碳中和的路径，通过购买经认证的碳信用来抵消碳排放。英国标准协会（BSI）在产品层面将碳中和进一步定义为：标的物产品（或服务）全生命周期内并未导致排放到大气中的温室气体产生净增量[1]。

4.1.2 国外发展现状

从2009年的哥本哈根联合国气候变化大会开始，一直到2015年巴黎联合国气候变化大会，都重点强调要减少碳排放。目前已有127个国家和地区对碳中和目标做出承诺，大多数碳中和目标承诺国已通过了政策宣示，但缺乏支撑其具体实施的政策文件；少部分国家和地区采用立法方式，如英国、日本、欧洲联盟（简称“欧盟”）、韩国、美国加利福尼亚州通过了应对气候变化的专项法律。

（1）欧盟及欧洲主要国家

2008年12月，欧盟委员会通过“气候行动和可再生能源一揽子计划”法案，形成了欧盟的低碳经济政策框架。2019 年 12 月，欧盟委员会通过《欧洲绿色协议》，提出欧盟到 2050 年实现碳中和的碳减排目标。2020 年 3 月，欧盟委员会发布《欧洲气候法》，以立法的形式确保达成“到 2050 年实现气候中性的欧洲”愿景，从法律层面为欧洲所有政策设定了目标和努力方向，并建立法律框架帮助各国实现 2050 年气候中和目标[2]。

2008 年，英国国会通过了旨在减排温室气体的《气候变化法案》，提出设立个人排放信用电子账户以及排放信用额度，该法案使英国成为全球首个为温室气体减排设计出具有法律约束力措施体系的国家。

2015 年 8 月，法国政府通过《绿色增长能源转型法》，构建了法国国内绿色增长与能源转型的时间表。2018—2019 年期间，法国政府对该战略进行修订，调整了 2050 年温室气体排放减量目标，并将其改为碳中和目标。2020 年 4 月，法国颁布法令通过“国家低碳战略”，设定 2050 年实现碳中和的目标。

2018 年，瑞典气候新法为温室气体减排制定了长期目标，旨在 2045 年前实现温室气体零排放，在 2030 年前实现交通运输部门减排 70%的目标，并从法律层面规定每届政府的义务，即必须着眼于瑞典气候变化总体目标来制定相关政策。

2019 年 9 月 20 日，德国联邦政府内阁通过《气候行动计划 2030》，该计划为能源、建筑、交通、贸易和工业、农业和林业等领域制定了 2030 年行业减排目标，并引导公众参与和监督。

（2）美国、日本、澳大利亚

作为世界最大经济体，2007 年美国能源消耗产生的二氧化碳排放已经达峰，为美国政府开展国际能源气候外交打下了非常好的基础。2021 年，拜登就任总统后，美国重新加入《巴黎协定》，加入碳减排行列，积极参与落实《巴黎协定》，承诺 2050 年实现碳中和。在州层面，目前已有 6 个州通过立法设定了到 2045 年或 2050 年实现 100%清洁能源的目标。

日本承诺到2050年实现碳中和，在碳中和相关文件中对长期减排做出较为全面的技术部署，并强调技术创新。2020年10月25日，日本政府公布“绿色增长战略”，公布了脱碳路线图草案，提出将于2050年实现净零排放，旨在通过技术创新和绿色投资的方式加速向低碳社会转型。

澳大利亚政府在2019年2月25日发布《气候解决方案》，该方案计划投资35亿澳元来兑现澳大利亚在《巴黎协定》中做出的2030年温室气体减排承诺。

综上所述，碳中和已成为全球广泛共识，多个国家和地区采取以下相应减排措施，推动实现碳中和目标。

一是加快技术创新。英、法等国通过立法支持和鼓励技术创新，进一步提升能源使用效率。

二是大力发展可再生能源。奥地利、爱尔兰等国通过加大拨款、减免可再生能源税收等方式支持可再生能源发展，提升可再生能源在能源结构中的占比。

三是减少对化石能源的依赖。丹麦、匈牙利等国通过立法，加速退出燃煤电站和减少燃油汽车的使用，进一步减少化石能源使用。

四是以立法等方式支持低碳产业发展。斐济、韩国、日本等国通过立法，加大对与清洁低碳、节能减排相关产业发展的支持。

4.1.3 国内发展现状

随着我国进入新发展阶段，以及生态文明建设的深入实施，我国亟须把全球气候变化应对这一“外部压力”逐渐转化为一种“内部动力”。以2016年《巴黎协定》签署及其随后的国内批准落实为标志，中国政府更加主动地致力于全球气候变化应对在国际与国内层面的统一，突出表现在既把引领应对全球气候变化国际合作、维护地球生态安全、构筑绿色发展的生态体系当作推动全球生态文明建设的重要内容，也高度重视全球气候变暖趋势对我国生态系统质量与稳定性的影响。

2020年9月22日，国家主席习近平在第七十五届联合国大会一般性辩论上提出："中国将提高国家自主贡献力度，采取更加有力的政策和措施，二氧化碳排放力争于2030年前达到峰值，努力争取2060年前实现碳中和。"我国承诺2030年前，二氧化碳的排放不再增长，达到峰值之后逐步降低。在新型冠状病毒肺炎疫情后复杂的国际政治经济格局中，我国的碳中和承诺彰显了我国构建人类命运共同体的大国责任与担当，体现了我国在应对气候变化问题上的决心和雄心，为疫后实现全球绿色复苏注入新的活力，对全球气候行动起到重要推动作用。

2021年1月25日，国家主席习近平在世界经济论坛"达沃斯议程"对话会上发表题为《让多边主义的火炬照亮人类前行之路》的特别致辞，再次向全世界郑重承诺："中国力争于2030年前二氧化碳排放达到峰值、2060年前实现碳中和"。据统计，这是国家主席习近平继2020年9月22日在第七十五届联合国大会一般性辩论上作出类似表态之后，第7次在重大国际场合就我国"碳达峰目标和碳中和愿景"所作的重要讲话或致辞。这些重要论述不仅是对新时代我国全球气候变化国际治理与合作领域决策部署的具体阐明，而且成为我国深化和拓展全球气候变化学术研究的科学指南。

"3060"双碳目标是我国按照《巴黎协定》规定更新的国家自主贡献强化目标以及面向21世纪中叶的长期温室气体低排放发展战略，表现为二氧化碳排放（广义的碳排放包括所有温室气体）水平由快到慢不断攀升、在年增长率为零的拐点处波动后持续下降，直到人为排放源和吸收汇相抵。从碳达峰到碳中和的过程就是经济增长与二氧化碳排放从相对脱钩走向绝对脱钩的过程。我国提出的2030年前碳排放达峰、2060年碳中和的目标，从碳达峰到碳中和的时间仅有30年，与发达国家平均50～60年的时间跨度相比，时间更短、难度更大。因此，需要加强战略规划，研究制定科学合理的碳中和宏观战略路径，既要充分考虑各行业、各地区的经济发展水平、资源禀赋特点、产业与能源结构特征、社会接受程度等重要因素，也要兼顾科学性、可行性、公平性、有效性等要求，确保在 2060 年前完成碳中和目标。我国实现碳中和目标，不仅需要在宏观层面自上而下地将任务分解，落实压力传导路径，也需要在微观层面自下而上地动员社会各界广泛参与——通过“草根运动”及自愿减排路径，衔接协调机制设计与政策措施，将自下而上和自上而下的力量有机结合起来。

我国二氧化碳排放力争于 2030 年前达到峰值，努力争取 2060 年前实现碳中和，这是一个充满挑战和机遇的任务。2020 年 12 月 13 日，我国在气候雄心峰会上进一步阐述碳达峰、碳中和目标，提出到 2030 年，中国单位国内生产总值二氧化碳排放将比 2005 年下降 65%以上，非化石能源占一次能源消费比重将达到 25%左右，风电、太阳能发电总装机容量将达到 12 亿千瓦以上。国家能源局公布的数据显示，2020 年全国新增风电装机 7167 万千瓦、太阳能发电 4820 万千瓦，风光新增装机之和约为 1.2 亿千瓦。此前国家能源局公布 2020 年 1—11 月新增风电装机 2462 万千瓦，新增太阳能发电装机 2590 万千瓦。这意味着，仅 2020 年 12 月的风电、太阳能新增装机容量就分别高达 4705 万千瓦、2230 万千瓦。截至 2020 年年底，风电、太阳能发电累计装机总容量超过 5.3 亿千瓦。“3060”双碳目标的提出必将加快推动风电、太阳能发电等新能源的跨越式发展，高比例可再生能源对电力系统灵活调节能力将提出更高要求，给储能发展带来新机遇。

国家能源局立足自身能源消费产业发展，围绕新能源并网接入需求、源网荷储协调互动及储能高效配置等多个方面，出台了大量有力的政策措施推进新能源生产和消费，增强新能源安全保障能力、提升经济发展质量和效益、增加基本公共服务供给、积极主动应对全球气候变化、全面推进生态文明建设。2021 年 2 月 25 日，《国家发展改革委　国家能源局关于推进电力源网荷储一体化和多能互补发展的指导意见》（发改能源规〔2021〕280 号）发布，意见指出依托“云大物移智链”等技术，进一步加强源网荷储多向互动，通过虚拟电厂等一体化聚合模式，进一步深化电力辅助服务市场、中长期交易等市场化机制建设，充分挖掘常规电源、储能、用户负荷等各方调节能力，着力构建清洁低碳、安全高效的能源体系，提升能源清洁利用水平和电力系统运行效率，贯彻新发展理念，更好地发挥源网荷储一体化和多能互补在保障能源安全中的作用，积极探索其实施路径，并借助电力中长期、辅助服务、现货等市场交易机制，为系统提供调节支撑能力。2021 年 7 月 15 日，《国家发展改革委 国家能源局关于加快推动新型储能发展的指导意见》（发改能源规〔2021〕1051 号）发布，进一步明确“十四五”及中长期新型储能发展目标及重点任务，充分发挥新型储能在推动能源领域碳达峰、碳中和过程的显著作用。明确到 2025 年，实现新型储能从商业化初期向规模化发展转变，新型储能装机规模达 3000 万千瓦以上。到 2030 年，实现新型储能全面市场化发展，储能作为电气化时代能源调节必需品作用凸显。加快“十四五”期间储能商业模式完善。明确电源侧储能短期以消纳弃风弃光、新能源强制配储为主，长期有待成本下探与模式延展补偿收益；电网侧储能随电力辅助服务市场化改革而逐步兴起，盈利性驱动需求扩张；用户侧以工商业和家庭储能削峰填谷为主，充换电站、5G 基站、数据中心等高耗能行业配储降低用电成本。面向未来，“源网荷储一体化”和“风光水火储一体化”模式实现多能互补，进一步激发储能市场活力，促进形成多种储能商业模式。

为有效贯彻落实国家“双碳”战略目标，国家电网有限公司于 2021 年 3 月发布了自身“碳达峰、碳中和”行动方案。目前，我国仍处于工业化阶段，对能源电力消费还有源源不断的需求。实现碳中和的核心是控制碳排放，而我国二氧化碳排放的 88%来自能源燃烧，其中电力又占能源行业排放的 41%。存量上，电力行业需要进行化石能源的清洁替代。增量上，占碳排放大头的工业、交通、建筑领域，实现碳中和的途径也是电动化。因此，国家电网有限公司的

"碳达峰、碳中和"行动方案对推动整个社会能源低碳转型具有重要意义。方案中提出，电网将全力推动新能源发展，促进能源供给清洁化；大力实施电能替代，促进终端能源消费电气化；加强电力技术创新，促进清洁能源利用高效化。首先，在能源供给侧，构建多元化清洁能源供应体系。大力发展清洁能源，加快煤电灵活性改造，加强系统调节能力建设，加快能源技术创新。在能源消费侧，全面推进电气化和节能提效。强化能耗双控，加强能效管理，加快电能替代，挖掘需求侧响应潜力。加强"大云物移智链"等技术在能源电力领域的融合创新和应用，促进各类能源互通互济，源网荷储协调互动，推动能源互联网建设。2021 年，中共中央总书记、国家主席、中央军委主席、中央财经委员会主任习近平 3 月 15 日下午主持召开中央财经委员会第九次会议，研究促进平台经济健康发展问题和实现碳达峰、碳中和的基本思路和主要举措。会议提出要构建清洁低碳安全高效的能源体系，控制化石能源总量，着力提高利用效能，实施可再生能源替代行动，深化电力体制改革，构建新型电力系统。新型电力系统深度融合低碳能源技术、先进信息通信技术与控制技术，以太阳能、风能等新能源发电为供给主体，以智能电网为配置平台，以源网荷储互动和多能互补为重要支撑，具有清洁低碳、安全可控、灵活高效、开放互动、智能友好等特征。加快构建新型电力系统，不仅能够满足多领域新能源和多元负荷广泛接入的需要，而且能够促进资源高效、安全、灵活配置，提高能源整体利用效率，同时也将加速能源转型、科技创新，带动产业转型升级，推动能源电力行业高质量发展。国家电网有限公司坚持三融三化推进思路，坚持电碳并重、控制系统与信息系统并举，推进数字技术与电网业务深入融合，围绕以下 6 个方面务实高效、安全可靠地推动新型电力系统建设。一是加快电网的转型发展，把提高电网大范围优化配置能力作为长期任务，持续优化区域和省级主网架，着眼建设现代智慧配电网，持续加大配电网的投入力度，积极适应分布式清洁能源并网和多元负荷的用电需要。二是聚焦服务新能源大规模开发利用，持续强化全网的统一调度，着眼提高电力系统的灵活调节能力，着眼更好地服务新能源发展。三是大力支持电能替代，适应能源消费电气化发展趋势，聚焦交通运输、工业和农业生产、居民生活等领域，大力实施以电代煤、以电代油。四是利用数字技术为传统电网赋能，提升电网资源优化配置效率和智能互动水平，针对电力生产由大容量集中式向大规模分布式转变的技术特征，积极利用数字技术提升电力系统控制水平和效能。五是强化关键核心技术，“十四五”期间，要集中力量开展基础理论、核心技术、“卡脖子”技术和关键设备攻关，积极推动新型电力系统示范区建设。六是推进技术标准先行，主动对接国家行业相关部门和产业上下游单位标准化组织，积极开展国际交流合作。

在碳达峰和碳中和背景下，为助力构建新型电力系统，国家电网有限公司创新建设了新能源云服务平台——国网新能源云，实现在传统电力系统基础上，增强灵活性，提高资源优化配置能力，通过源网荷储高效协同，有效平衡新能源的波动性、随机性和不确定性，通过数字化、智能化助力构建新型电力系统。国网新能源云顺应能源革命与数字革命相融并进的趋势，充分考虑能源资源禀赋特点、负荷分布特点、电网枢纽平台作用，将新一代信息技术与新能源全价值链、全产业链、全生态圈的业务深度融合，聚集全数据要素，提高整体资源配置效率，打造国际领先的、具有中国特色的新能源数字经济平台，服务绿色发展与碳达峰、碳中和。

国网新能源云立足国家能源转型和新能源行业发展，将新一代信息技术与新能源全产业链深度融合的新能源数字经济平台，包括环境承载、资源分布、规划计划、厂商用户、电源企业、电网服务、用电用户、电价补贴、供需预测、储能服务、消纳计算、技术咨询、法规政策、辅助决策、碳中和支撑服务15个子平台。平台建立了“横向协同、纵向贯通”和“全环节、全贯通、全覆盖、全生态、全场景”的新能源开放服务体系，收集归纳新能源发、输、用、储全环节数据和信息，以“数字驱动”“流程驱动”方式对内实现新能源服务业务全流程贯通，对外提供便捷高效的“一站式”业务线上办理服务，为能源主管部门、行业协会、研究咨询单位、发电企业、装备制造企业、金融机构、新能源关联企业、广大用户等提供规划研究、接网查询、场站监测、设备运维、补贴申报、消纳分析、政策与技术咨询、辅助决策等全方面服务。目前，国网新能源云已完成一期功能开发并在国家电网有限公司全部27个省级电网公司部署应用，接入国家电网有限公司经营区所有新能源场站超过250万座、容量超5.0亿千瓦，服务新能源全产业链上下游10000余家大中小型企业，对促进新能源高质量发展发挥了重要作用。新能源云可以支撑服务国家能源安全战略、服务国家能源转型、服务新能源科学发展、服务我国可再生能源法、服务政府和智库决策、服务广大用户，对推动构建智慧能源体系，服务绿色发展，创新新能源新服务、新业态、新模式，促进新能源产业链上下游协同发展等具有重要意义。

国网信息通信产业集团有限公司（以下简称集团）作为国家电网有限公司能源互联网建设的中坚力量和数字化转型发展的主力军，近年来，持续提升科技创新能力，加强科技创新体制机制改革，强化关键技术攻关和应用技术创新，加快自主可控产品研发和应用推广，推出了覆盖多个绿色低碳行业的产品和服务，在推动能源互联网建设事业中发挥了重要作用。此次集团将充分发挥自身科技优势，把握“稳中求进”工作总基调，按照“一统领、双驱动、六着力”总体思路，迅速贯彻国家电网有限公司决策部署，以科技创新为引领，紧跟国家电网有限公司“碳达峰、碳中和”行动，超前布局攻关战略前瞻和“卡脖子”技术，做强、做优、做大信息通信产业，为建设国际领先的、具有中国特色的能源互联网企业贡献力量。修订集团“1597”重点攻关计划，推进“1346”卓越提升三年行动计划，通过布局开展低功耗高能效芯片、分布式能源通信网广域覆盖、配电网智能调控、图数据混合存储、末端数据感知与处理等在“双高”电力系统的应用研究，为微电网并网接入、园区级源网荷储、可再生能源消纳和智慧用能服务提供坚强的技术支撑。对于加快推动能源互联网升级，促进碳达峰、碳中和目标，重点围绕以下方面展开。

统筹集团优质资源，集中布局推出服务“3060”双碳目标的核心产品。集中开展“大云物移智链”新技术在能源电力领域的融合创新，快速推出低功耗传感器、精准用电调控终端、数据共享服务组件、城市综合能源智慧物联管控平台等核心产品，满足配电网智能控制、分布式电源就地消纳、清洁能源友好接入等能源互联网转型升级需求，推进各能源的数据共享和价值挖掘。

大力推进新兴产业培育，提供支撑碳市场运作的能源交易平台。依托集团在自主芯片、云服务、区块链、数据中台、智慧能源服务等领域的技术优势，深度参与国家电网有限公司能源数字经济平台建设，推进集团核心技术创新和商业模式创新，拓展新技术在能源领域的应用，构建“双碳”指数评价模型，搭建绿证交易及碳交易平台，解决可再生能源消纳、电力分布式交易、多利益主体间缺乏信任等问题，为能源交易主体提供全新的可行解决方案。

服务全社会节能降耗，大力推进基础资源商业化运营。构建绿色、安全、高速的新一代信息基础设施，面向政府行业、电信运营商、消费互联网、产业互联网，将综合能源服务、电网应用、5G 基站等本地化业务共同注入多站融合边缘计算节点，依托省（市）思极科技公司全力推动电力基础资源商业化运营，促进电网企业盘活资源，减少新增铁塔基站数量，节约土地资源和降低社会能耗，不断推动社会资源共享转型、实现绿色发展。2021 年 6 月，集团黄震董事长发表了《服务“双碳”目标打造标杆典范，国网信通产业集团争做“双碳”数字化引领者》的重要讲话，集团将坚持“三个融合”，打造“三侧典范”，争做“双碳”数字化引领者，为实现“3060”双碳目标努力作出新贡献、展现新作为，明确集团将全面承接国家电网有限公司“双碳”行动部署，制定集团“双碳”责任清单，明确“双碳”实施路径、时间表和路线图，坚持数字化与能源融合、多类产业融合和全要素融合理念，支撑能源产业转型升级，助推“3060”双碳目标实现。

坚持数字化与能源融合，打造“双碳”数字化产品体系。围绕碳监测、碳资产、碳减排、碳交易、碳普惠、碳指数等全产业链，夯实数据算力、通信网络等数字基础设施，打造芯片及智能终端、智慧平台、智慧应用等优质产品。坚持多类产业融合，构建“双碳”数字化解决方案。以数字化技术为手段，融合发展芯片、北斗及地理信息、5G、人工智能、移动互联、基础资源商业化运营、传统信息化等业务，大力拓展“双碳”数字化市场空间，构建“双碳”数字化全场景综合解决方案。坚持全要素融合，赋能“双碳”数字化高质量发展。全面推动集团科技、数据、人才、管理、改革等全要素融合发展，立足能源根本，聚力攻关“双碳”数字化领域关键技术，培育高水平创新成果，不断提高技术研发能力和产业创新能力；充分挖掘电力数据价值，监测能源生产消费全环节碳排放，通过数据分析，为政府决策和企业对标提供参考依据；面向碳资产管理、碳交易等新型业务，适时引进高端复合型人才，建设领军型科研人才队伍；发挥改革驱动作用，加快碳市场建设，全面推进碳排放权市场化交易。

集团充分发挥数字枢纽作用，从电源侧、电网侧、消费侧 3 个领域全面发力，加快推动电网向能源互联网升级，打造“双碳”数字化标杆典范，为实现“3060”双碳目标贡献智慧和力量。电源侧，促进新能源并网消纳。围绕风能、太阳能等新能源及分布式能源并网，开展数字化建设与服务。构建“技术+产品+运营+生态”的虚拟电厂业务体系，将分布式发电机组、可控负荷、储能设施有机结合，通过配套的调控和通信技术，对分布式能源进行调控管理，以特殊电厂形态参与电力市场交易和电网运行，促进电源侧的多能互补和负荷侧的灵活互动，提高新能源消纳率，解决清洁能源无序并网和高成本接入问题。电网侧，支撑能源互联网建设。充分运用“大云物移智链”等数字新技术，推动经营管理全链条智能，推进电网全场景智慧，推动电网向能源互联网升级。积极开展“双碳”绿色源网荷储示范工程，改变传统调度工作单侧控制的技术路线，通过建设源网荷储一体化平台实现源网荷储各环节的物理信息的沟通和协调，完成在供应方、消费方、调度、营销、财务各方的业务贯通，服务“3060”双碳目标。消费侧，促进洁能提效、提高终端电气化水平。围绕用能诊断分析，引导用户主动节约用能，为产业链上下游提供碳减排服务，助力提升全社会终端用能效率，积极推进电能替代。打造综合能源服务平台，构建低碳智慧城市智慧园区综合示范解决方案，实现电、水、冷、热等多种能源协同管控，目前已投运的天津国网客服中心低碳智慧园区，年减排效果显著，减少温室气体（二氧化碳）约 1 万吨、二氧化硫约 73 吨、氮氧化物约 40 吨，节约电量约 1100 万千瓦时；北辰商务中心办公大楼综合能源示范工程，年节能量约 208 万千瓦时，减少温室气体二氧化碳排放量约 2073 吨。打造智慧物流产品，建设科学精准、规模化的集中式物流场站服务网络，借助 AI、高精度算法等提升物流车、充电桩、仓储设施利用率，嫁接充换电/车服/车辆后市场等服务，创造平台价值、赋能产业链。

4.2 碳中和为数字化转型带来机遇

4.2.1 绿色能源生产侧转变

实现“3060”双碳目标，能源是主战场，电力是主力军。为积极响应国家“3060”双碳目标，各级政府与企业纷纷制定符合自身发展特点的碳中和路径。聚焦能源、工业、交通、建筑等重点行业，制定碳达峰、碳中和阶段性目标和实施方案。加强能源转型与产业升级协同，发挥中国能源互联网引领带动作用，促进新能源、新材料、智能制造、电动汽车等新兴产业快速发展，推动以化石能源为主导的传统工业经济向以清洁能源为主导的现代经济转型升级，实现经济增长与碳减排双赢，是实现“3060”双碳目标的重要手段。能源转型主要依靠扩大清洁能源、低碳能源、零碳能源的占比，推动以电为中心的能源生产和消费方式的实现。2021 年 3 月，中央财经委员会第九次会议指出，要构建以新能源为主体的新型电力系统，从顶层战略层面回答了以何种主体能源建设电力系统等关键核心问题。

近年来，在政府、发电企业、电网企业和用户的共同努力下，我国新能源发展取得巨大成就，对推动我国能源转型、践行应对气候变化承诺发挥了重要作用。截至 2019 年年底，我国风电累计装机 2.1 亿千瓦，光伏发电累计装机达到 2.04 亿千瓦，装机占比达到 20.6%[3]。2019 年，国家电网有限公司经营区新能源利用率达到 96.8%，提前一年完成《清洁能源消纳行动计划（2018—2020 年）》中确定的目标。综合分析国家能源转型要求、清洁能源消纳目标及新能源成本快速下降等因素，预计到 2025 年，我国风电和光伏发电装机规模将超过 7.5 亿千瓦，占全国电源总装机的比例超过 26%。多年的实践经验表明，新能源不同于传统能源，存在以下明显的特性。

其一，能量密度低。例如，太阳辐照总能量巨大，但地球单位面积获取的光照能量相对较小。风能、潮汐能、波浪能、生物质能都有类似特点。而传统能源，像煤炭、石油、天然气等一次能源，水电、火电、核电等二次能源，能量密度都很高。如果将传统能源看作聚集起来的“能量块”，新能源就是铺在大地上的“能量膜”。对于这样两类密度形态相差较大的能源，开发利用技术的经济条件是不同的。

其二，供能过程具有随机性和间歇性，而且随机出现的间歇性电力对受端系统动态稳定有较大程度的影响。因此，在能源产业当前可接受的经济条件下，新能源尚难以单独承担起连续供能和跟随用户需求、灵活调节供能量的任务，传统能源却不成问题。世界上有不少电力系统全部由火电厂供电运行，挪威的电力系统几乎是一个纯水电系统。

其三，不能大规模储存。尽管作为二次能源的电力按现有技术条件和经济性水平不能大规模储存，但与新能源相比，水能、煤炭、石油、天然气、核电站燃料这些可用于转化电力的一次能源，能够较为经济地“堆存”一段时间，也相当于将电力储存一段时间，在供应时跟随用户需求变化。

其四，经济性尚不具备竞争力。尽管如此，世界上许多国家仍然打破常规，支持经济性较低的新能源产业，宁愿拿出政府补贴，暂时牺牲一部分国民经济整体效率，鼓励开发利用新能源。应当说，这与当今人类社会遇到传统化石能源可持续利用、保护生态环境和应对气候变化等问题和矛盾的压力有关，同时也是基于对新能源的经济性可以在不远的将来，接近或者达到传统能源经济性水平的乐观预期。反过来看，如果新能源在提高经济性方面没有持续和明显进步，就不可能发展起来。

从上述特性可看出，构建新能源为主体的新型电力系统对电力系统无论生产侧还是消费侧都提出了史无前例的巨大挑战。

从生产侧来看，我国新能源的一个明显特点是分散性，以新能源为主体，不是否认其他清洁能源的地位。多元化发展清洁能源的策略不应该改变，核电、常规水电、抽水蓄能电源等仍然是构建新型电力系统重要的组成部分，对于保障电力供应、促进新能源消纳具有十分重要的意义。核电是我国经济社会发展所必需的战略性资源，是促进核工业发展的主要手段和实施载体，是保障国家安全的现实需要。常规水电在能源转型中发挥着基石作用，未来的功能定位将由以电量供应为主逐渐变为清洁电量和容量双支撑。

以新能源为主体的新型电力系统生产侧主要呈现以下特点。

特点 1：新能源分布不均，需加强基础配套设施部署建设。

常见新能源发电类型有水电、风电、光伏、生物质发电等。由于我国自然资源分布不均，风电、太阳能、煤炭主要集中在北部和西北部，水电主要集中在西南部，而我国的用电负荷主要集中在中东部，存在用电富余与用电缺口的区位差异。如我国现有新能源电力装机以风、光为主，主要集中在西北地区。

但由于当地消纳能力有限，且无足够多的电力外送通道，弃光限电情况严重。我国能源需求和分布不平衡的特点决定了我国需要超长距离的电力输送，主要以大规模集中开发、远距离送出的发展模式为主。特高压技术和电网设施构建起中国能源运输大通道，是一项重要能源基础设施，因此随着新能源发电需求增加，需要进一步加强对特高压电网设施的部署建设。在国家电网有限公司发布的构建新型电力系统行动方案中，明确提出加快特高压电网建设。在接收端，完善和扩展华北、华东特高压网架，加快建设华中特高压网架，实现 500 千伏合理分层分区，构建风光水火资源优化配置平台，提高跨省跨区输送清洁能源力度。“十四五”期间将持续提升已建输电通道利用效率，作为电网发展主要内容和重点任务，实现已建通道满功率运行，提升输电能力 3527 万千瓦，优化已建通道配套电源结构，提高输送清洁能源比重。公司经营区跨省跨区输电能力约 3.0 亿千瓦，2030 年约 3.5 亿千瓦，输送清洁能源占比达到 50%以上[4]。

特点 2：新能源发电存在不稳定性，有明显的峰谷落差。

由于新能源发电的能量密度低，间歇性、波动性、随机性特征十分明显，受极端天气影响情况严重，在新能源发电机组高比例接入与极端天气频发的背景下，新能源发电功率存在明显峰谷落差，新能源发电出力统计结果显示，尖峰电量出现概率低、持续时间短，全额消纳需要付出额外成本，降低系统整体经济性。电网企业需要提高气象灾害预警水平，结合电网运行特性，强化风险分析与预防。同时，有关部门和电网企业应加强新能源机组次同步谐波管理，深化机理研究，出台相关规定。

新能源发电包含大量电力电子设备，其频率、电压耐受标准偏低。当系统发生事故，频率、电压发生较大变化时，新能源发电机组容易大规模脱网，引发连锁故障。另外，新能源电力电子装置除了要应对传统同步电网以工频为基础的稳定问题之外，还带来了宽频带（5～300Hz）振荡的新稳定问题。针对此类问题，应完善新能源机组并网标准，提高新能源机组涉网性能要求，挖掘新能源场站自身动态有功、无功调节能力，要求新能源参与系统调频、调压，避免新能源机组大规模脱网引发的连锁故障，需要提高电网系统的灵活性与智能化水平。根据技术经济约束条件，新能源宜采用分散式、分布式的开发方式，将其就地、就近利用。建议通过推进火电灵活性改造、建设灵活电源、推进需求侧响应、促进跨省互济等手段解决调峰问题。

4.2.2 绿色能源用户侧转变

新型电力系统的实质就是以可再生能源为主的电力系统，打通各个环节，实现源网荷储互动。生产侧参与全网调度，实现纵向贯通。构建新型电力系统，是一项极具挑战性、开创性的战略性工程，加强智能电网是基础，源网荷储协同是关键。电力系统是由发输配变各个环节、源网荷储各个领域、技术体制各个层面相互耦合、紧密交织构成的一个有机整体。构建新型电力系统不是某个环节的“单兵突进”。新能源发展得太快，电网跟不上会导致“有电送不出”，设备产能大量积压，产量大起大落。反之会导致“有网送不满”，造成通道闲置、资源浪费。构建新型电力系统不能畸轻畸重、顾此失彼，电力工业过去的“重发轻供不管用”格局，导致用户侧电力消费存在着极大的结构性、粗放性、习惯性、非专业性浪费，用电侧电力技术装备水平和管理水平远远落后于电力供应侧，终端电能利用效率亟待提升。新型电力系统下用户侧已不单单是被动用电，主要呈现出以下特点。

特点1：用户侧与电网的关系从被动接受电网参与，到主动参与电网平衡建设。

“十三五”以来，中国电力供需形式已发生深刻变化。中国经济进入“提质增效”的“新常态”，用电量增速放缓，电力供应能力总体较为充足，局部地区、局部时段“缺电量”成为更加突出的问题。电力系统正经历着全方位的转型，供应段电源构成中新能源的比重在增加，电力系统中接入了大规模的间歇性新能源，导致电力负荷曲线发生变化，电网亟须提升灵活性以适用这种变化。用户端也在发生变化，在国内电气化率高的部分地区出现了分布式电源、电动汽车、储能、智能设备、清洁供暖等多元化负荷，区域负荷特征变化显著；智能电网、能源互联网的发展，很大程度上将重塑电网，即从以电流单向流动为特征，转型为电流的双向流动。用户端不再是被动的电能消费者，而是可以参与电力供需平衡的维护。

特点 2：用户侧由单向用电方式向双向协商模式转变。

电力系统这一转型为需求侧资源潜力挖掘和价值实现创造了有利条件，需求侧资源的作用也从传统的削峰减少需求，扩展到灵活调节电力负荷、促进新能源消纳。“用户侧可调节资源”能高效解决电力系统局部阻塞或过剩等问题，提高非常规机组的包容性，促进新能源消纳和清洁能源发展。

在新能源快速发展背景下，将需求方各种资源纳入统一的资源规划，通过开发建立在用户需求和用户利益基础之上的需求侧资源，激发用户主动参与维护电力平衡的意识，促进供需双方共同利益的产生，可实现供给侧和需求侧的高度协调匹配和供需平衡。需求侧资源开发改变过去“以供定需”的资源开发方式，它将需求方的各种资源纳入统一的资源规划，重在提高终端用电效率、改变用户用电行为，同时将需求侧放在与供应方对等的位置，在避免扩大电源投资的前提下，使负荷下降到电网可承受的范围之内，同时提高电网运行的稳定性，可作为以更经济、更高效、更灵活、更绿色地实现电力供需总体平衡的一种新手段。

2021 年 3 月，《国家发展改革委　国家能源局关于推进电力源网荷储一体化和多能互补发展的指导意见》强调：强化源网荷储各环节间协调互动，充分挖掘系统灵活性调节能力和需求侧资源，有利于各类资源的协调开发和科学配置，提升系统运行效率和电源开发综合效益，构建多元供能智慧保障体系；优先利用清洁能源资源、充分发挥常规电站调节性能、适度配置储能设施、调动需求侧灵活响应积极性，有利于加快能源转型，促进能源领域与生态环境协调可持续发展；

发挥跨区源网荷储协调互济作用，扩大电力资源配置规模，有利于推进西部大开发形成新格局，改善东部地区环境质量，提升可再生能源电量消费比重[5]。

4.2.3 绿色能源带来技术机遇

碳达峰、碳中和是我国基于国情和国际环境、推动实现绿色低碳做出的重大战略决策。“3060”双碳目标提出了绿色能源生产、运输、消纳新模式，对新一代电力系统各环节产生了深刻影响，势必会引起广泛变革。从宏观层面来看，碳中和是一个战略目标，是一个大方向，是国家能源改革的趋势，是立体的、多维的，也是复杂生产关系和生产力结合的集中体现。大家都可以做，但要结合自身特点，有选择性地去做。从微观层面来看，促进碳中和的建设，需要具备全产业链优势。“3060”双碳目标的提出，意味着未来我国碳排放空间将大幅受限，我国已不可能沿袭发达国家传统工业化道路，必须加快经济发展低碳/脱碳转型。需要加大科技创新力度，发挥好科技在实现经济模式由要素驱动发展向创新驱动发展转变的支撑作用，深入推进应对气候变化与低碳绿色经济发展科技协同创新，有效避免高碳产业锁定，实现经济低碳/脱碳发展。

电力是我国碳排放占比最大的单一行业，电力系统转型对实现我国“3060”双碳目标至关重要。实现“3060”双碳目标，关键在于推动能源清洁低碳安全高效利用，在能源供给侧构建多元化清洁能源供应体系，在能源消费侧全面推进电气化和节能提效。将坚持系统思维，统筹发展与安全、速度与质量、成本与效益，充分发挥电力核心枢纽作用，带动产业链、供应链上下游，共同推动能源电力从高碳向低碳、从以化石能源为主向以清洁能源为主转变。全面落实党和国家的重大战略部署，通过新型电力系统建设助推我国能源技术和能源结构转型发展，已成为现阶段我国电力领域的重点任务。以大数据、云计算、物联网、移动互联网、人工智能、区块链等新一代数字技术为核心驱动力，以数据为关键生产要素，以现代电力能源网络与新一代信息网络为基础，通过数字技术与能源企业业务、管理深度融合，不断提高数字化、网络化、智能化水平，推动电网向能源互联网转型升级是现阶段电网智能化发展的关键任务。

在能源生产环节，利用多模态的传感量测数据将有效拓展传统运行监测的功能与性能，使电网具备对新能源的全面感知能力，满足新能源发电实时状态监测、精准功率预测等需求；边缘计算、物联网等技术将支撑电网形成对新能源更加完备的掌控能力，实现自动功率控制、快速频率响应，保证新能源“友好接入”；依托大数据、云计算、人工智能等技术，电网将具备对新能源更加智能的调度决策能力，支撑海量新能源发电设备作为主力电源参与电力系统调控，为清洁低碳的电能生产奠定技术基础。

在能源供给环节，利用全域覆盖的信息通信网络支撑海量物联终端形成广泛连接，支撑实现系统层面电网状态、设备状态、管理状态的全景透明。以此为基础，系统层面的智能化协调调度将大幅提升电力系统发、输、变、配、用各环节的运行效率，支撑新能源充分消纳和高效利用；基于电网全域数据的分析和智能诊断能够及时发现电网薄弱环节和运行风险，提供具有前瞻性的态势判断和运行决策，保障高比例新能源接入后的系统运行安全；依托数字电网拓展的价值服务体系，可促进电网与上下游产业和用户的灵活互动，推动形成数字电网支撑下的智慧能源价值外延，有助于构建更高效、更绿色、更经济的新型能源生态。

在能源消费环节，构建更加灵活和柔性的用户能源配给平台，既能有效满足用户清洁化、个性化、便捷化的能源需求，又能支撑更富有针对性的能源服务策略以及能源交易、能效管理等增值服务，促进分布式电源、电动汽车、电能替代、供需互动等新型能源服务发展，支撑用户侧能源消费体验与利用效率的大幅提升。

区块链技术作为一种构建更高效生产关系的技术工具，能够增强绿色能源生态中多利益主体的相互信任，成为各参与方之间的润滑剂。当前，区块链已成为全球科技竞争的新高地，其技术应用延伸至实体经济多个领域。积极推进区块链与实体经济深度融合，有助于推动我国产业升级，实现高质量发展的目标。区块链作为“云大物移智链”中核心技术，结合其构建激励生态、面向多业务融合的特点，不断提高与其他共性技术的集成能力，助力形成“区块链+”服务体系。区块链开放式创新的新模式、协调产业融合的新载体和推动绿色发展的新路径，契合了“创新、协调、绿色、开放、共享”五大发展理念，能够在实现“3060”双碳目标的建设过程中产生正向激励，叠加增值效益，构建绿色能源生态体系，助力能源产业转型升级。

与云计算、自动化等传统技术相比，区块链的优势在于能够协调代表着不同利益的多方群体，保障信息和价值交易的安全性。根据这些特点，区块链可以改变传统产业中的商业模式，使之更趋向于以用户为中心，因此应用前景非常广阔。我国实体经济环境中的信用成本较高，社会信用环境不佳，区块链技术恰好提供了一个“低信用成本”的平台，这对于降低我国经济社会整体信用成本、促进信用经济发展具有十分重大的意义。从技术层面来看，区块链技术具有安全属性、监管属性和决策属性。安全属性是指区块链技术可实现对电力业务系统物理过程和物理对象更为准确可靠的感知、传送和记录，以及对其物理特性和内在联系更为智能高效的挖掘、整合和分析。监管属性是指区块链技术可为电力市场交易提供一个公开、透明、可信的基础平台，提升市场参与意愿，同时降低合约执行风险和监管成本。决策属性是指区块链技术可在电力系统及其相关联的社会系统中辅助人的思考与决策，提升对人和人的行为的管理水平。区块链技术可信的特点，使其具备改变已有生产关系、构建效率更高生产关系的能力，能够成为碳中和业务多主体复杂业务场景下沟通各方的润滑剂，有效提升生产效率。从业务层面来看，区块链技术可支撑构建新型业务模式、运营模式。区块链技术与用户侧业务相结合，如隔墙售电、共享储能等新模式，为大规模推广提供前期积累。

除了在产业层面推动碳中和业务外，区块链还能吸引用户参与碳中和业务，建立更具包容性的绿色信息基础设施系统。为了激发消费者的碳减排热情，可利用区块链激励属性，通过设置一些激励措施，唤醒群众低碳环保意识，提供稳定合适的基础设施系统，减轻消费者负担，提高个体的参与度。同时，区块链技术可以强有力地支撑系统提供关于碳排放和产品选择方面的相关信息，这些信息真实、透明、可审计，能够有效激发消费者减排动力。这主要体现在以下 3 个方面。一是创立有效的循环经济系统。尽管循环经济能够对可持续发展作出较大贡献，但由于缺乏激励机制，当前循环经济开展热情并不高。对此，区块链技术可建立合理的奖励系统，推广循环经济。如当用户使用绿电后，可得到相应的积分奖励，而获得的积分则可以用来兑换各种电力产品。传统现金形式的奖励易滋生腐败与犯罪等问题，利用区块链体系下的积分激励则可较好地避免这一弊端。二是基于“双碳”业务主体不断加入。依托区块链技术构建绿色生态联盟可以为业务相关主体提供公开透明的业务信息。由于数据全程透明记录且难以篡改，管理者、非营利组织和监管者都可对是否存在非法排放、谎报排放量等问题一目了然，能够帮助企业突破信息壁垒，填补关键问题的信息空白。区块链高度的数据保密性可以解决商业机密信息与环境信息公开之间的矛盾，帮助企业灵活适应关键问题的披露策略。尽管区块链技术已经在金融、物流、医疗等行业有了试点应用，看似难以篡改，实际上，这种安全性高度依赖于合理的技术架构，尤其是节点分散化的程度、可靠的共识协议和加密算法，在现阶段仍存在完善空间。针对当前区块链尚未形成统一行业标准和技术准则、缺少成熟稳定的运营监管体系等问题，下一步需要加强区块链标准和监管机制建设，引导业务安全稳定运行。

4.3 小结

尽管我国晚于一些发达国家实现碳达峰、碳中和，但是“3060”双碳目标的提出，已经彰显了国家对于全球节能减排的承诺与担当。未来可持续发展、绿色低碳将会成为各行业新的竞争维度，而区块链作为“信任机器”，将通过提供开放、协作、共享的可信平台，打造绿色低碳生态圈，助力“3060”双碳目标的达成。

参考文献

[1] 刘长松. 碳中和的科学内涵、建设路径与政策措施[J]. 阅江学刊, 2021, 13(2): 48-60.

[2] 新全球化智库《全球碳中和与绿色发展评论》. 全球主要国家“碳中和”法律政策路线图和实施行动[EB]. 2021-07-15.

[3] 李惠钰. 国家能源局最新统计数据：风电、光伏发电分别首破 2 亿千瓦[EB]. 2020-03-11.

[4] 国家电网有限公司. 构建以新能源为主体的新型电力系统行动方案（2021—2030 年）[EB]. 2021-07-28.

[5] 国家发展改革委, 国家能源局. 国家发展改革委 国家能源局关于推进电力源网荷储一体化和多能互补发展的指导意见[EB]. 2021-03-04.

第 5 章
应用场景

技术的终极目标是服务实体行业，区块链也不例外。本章从碳中和、能源补贴、数据保全等 9 个典型应用场景展开，深入探讨区块链技术在服务业务中的设计过程与成效，为读者在后续设计“区块链+”方案时提供思路参考。

5.1 碳中和解决方案

5.1.1 业务现状

2020 年 9 月，国家主席习近平在第七十五届联合国大会一般性辩论上提出，中国将提高国家自主贡献力度，采取更加有力的政策和措施，二氧化碳排放力争于 2030 年前达到峰值，努力争取 2060 年前实现碳中和。国家主席习近平的重要讲话为推动气候环境治理和可持续发展擘画宏伟蓝图、指明道路方向。发展绿色经济，建设绿色社会，逐步实现碳中和已成为我国未来发展的重要议题。

国家电网有限公司为落实“四个革命，一个合作”能源安全新战略，制定“碳达峰、碳中和”行动方案，旨在推动电网向能源互联网升级、推动源网协调发展和调度交易机制优化、推动全社会节能提效、推动公司节能减排加快实施、推动能源电力技术创新、推动深化国际交流合作。

5.1.2 业务痛点

目前，由于企业生产经营状况复杂，信息分布较为零散，存在部分数据不透明、可追溯性不强等问题，用户无法实时获取自己的真实碳减排信息，使得用户对公布的碳排放量真实性存在一定的质疑，这种低透明度不仅导致用户对市场缺乏信心，降低了用户参与积极性，而且导致第三方机构和政府需要对企业碳排放量数据的真实性进行多次核验，碳核算环节流程复杂、烦琐，政府监管成本居高不下，企业碳排放数据也难以发挥其有效的应用价值。主要存在以下痛点。

- 绿电存在绿证、碳普惠交易等多种环境属性变现渠道，造成同一份绿电的环境属性在多个市场间进行重复交易计算的可能，这种方式不利于政府和第三方碳核算机构对区域内的碳排放进行统一监管和核算。
- 发电企业用户缺少对自身发电数据和碳减排数据真实性核验的手段，数据的不对称在一定程度上影响了用户参与碳减排的积极性和市场活跃度。
- 分布式新能源发电用户数量庞大且数据分布较为分散，造成企业生产数据获取困难、数据真实性难以保证。
- 全民经济各行业企业生产经营状况复杂、信息分布较为零散，存在碳排放信息数据不透明、可追溯性不强的特征。

5.1.3 解决方案

基于国网新能源云的碳中和支撑服务平台，国家电网有限公司着力构建清洁低碳能源体系，打造碳生态圈，为政府、企业及用户提供碳全生命周期服务，服务国家“3060”双碳目标，碳中和支撑服务平台生态圈如图 5-1 所示。

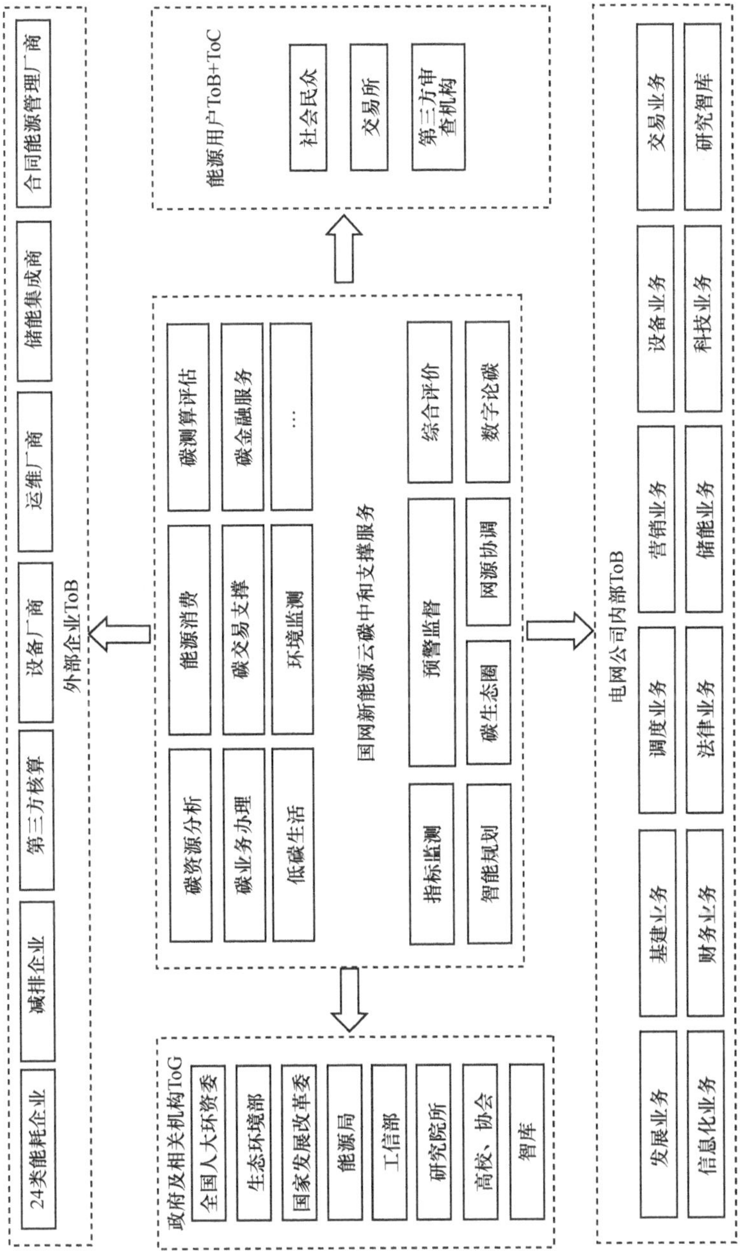

图 5-1　碳中和支撑服务平台生态圈

新能源云碳中和支撑服务平台通过碳计量监测、碳规划研究、碳分析评价、碳排放管理、碳交易服务、碳金融服务以及碳生态服务等功能，全面融合能源信息、全量监测能耗碳排、辅助监督评价碳管理、推动碳交易市场转型、挖掘碳生态经营模式。

（1）碳计量监测

主要面向区域、行业、企业、机关等提供碳计量监测服务。

区域碳排放监测为碳主管政府部门掌握全区域碳排情况提供抓手，汇集区域内（全国、分部、省、市）煤、油、气、电等的能源消费数据，通过计算转化为与碳排放相关的指标及监测数据，分析能源投入产出信息，辅助指导各省、市、县碳合理消费，为政府部门开展碳排放监督、评价等相关业务提供数据支撑及统计分析辅助决策。碳排放监测可合理评估区域能耗情况与碳排量，可实现纵向趋势分析与横向对标分析，为节能减排提供精准指导，为实现“3060”双碳目标提供量化支撑。

行业碳排放监测服务政府碳主管部门，以行业为维度，统计分析能源消耗及碳排放情况，分析能源投入产出信息，明确重点治理及管理投入的行业，为政府指导各行业合理制定生产计划、制定行业碳排配额等业务提供支撑服务。

企业碳排放监测服务政府碳主管部门及各类能耗企业，汇集各类企业煤、油、气、电等的能源消费情况，开展碳计量计算，并提供企业碳排放日度、月度、季度、年度监测功能，为企业制定生产计划、制定月度碳排放计划提供支撑服务，辅助政府管理企业碳排放，实现控排源头的管理，以最细颗粒度监测、控制碳排放。

机关碳排放监测服务政务管理局及各机关单位，收集政府公共机构内煤、油、气、热、电等能源消费数据，构建绿色机构、零碳单位，指导事业单位节能减排，并面向公众发布事业单位减排情况，面向全社会宣传政府节能减排的决心。

（2）碳排放管理

主要涵盖企业和公共机构碳账户管理、碳排放报告管理。

企业碳账户从用电数据向煤、油、气、热全品类能源数据拓展，同步引入企业经营产值、生产环节碳排、行业产业类别等外部信息，发挥数据倍增效应，支撑建立覆盖碳排量、碳排强度等各维度的企业碳账户。

公共机构碳账户构建以电为枢纽、综合利用各类能源信息的公共机构账户信息，为公共机构“零碳机构”评级工作提供技术支撑，着力打造零碳机关的典型应用。

碳排放报告管理为引导企业落实碳达峰、碳中和要求，倡导优先采用清洁能源。企业碳核查功能通过汇集区域内相关企业的碳排放核算报告，构建区域内碳排放核算报告数据库，并结合政府部门相关管理规范，将报告涉及的“送审”“初审”“终审”等流程线上化。

（3）碳规划研究

碳规划研究涉及碳循环全生命周期评估、碳达峰/碳中和仿真计算器以及电力碳排放规划。

碳循环全生命周期评估，通过追踪碳的生产、转化、运输、消费等全环节碳载存情况，构建碳循环模型，实现碳循环全生命周期评估。该功能支持用户查阅碳循环全生命周期各环节的碳载存、电能替代率、碳排放等数据。

碳达峰/碳中和仿真计算器基于碳达峰/碳中和预测测算模型，量化测算分析碳足迹中碳载存、碳吸收、能源结构、终端电能替代等碳中和积极因素的影响，通过设置边界条件、规划方案为生态环境局等政府单位、电网用户、科研机构提供不同业务逻辑下的碳达峰/碳中和年份，并对比展示分析预测结果曲线。

电力碳排放规划服务为政府能源主管部门、公司从能源供给侧提供多元化清洁能源供应体系规划方案建议，从能源消费侧提供电气化和节能提效建议，通过电力系统脱碳规划，统筹源网荷储用协调发展，促使能源电力尽早实现碳中和。

（4）碳分析评价

碳分析评价主要借助碳效码、碳中和路线图以及碳资产管理开展。

通过构建“碳效码”指标、评价企业单位产值碳排放量以及企业单位产值碳排放水平，进行精准统计并赋码，构建企业、碳画像支撑服务，为主管部门能源双控、节能减排工作、企业碳耗指数评级提供技术支撑，碳效码页面如图 5-2 所示。

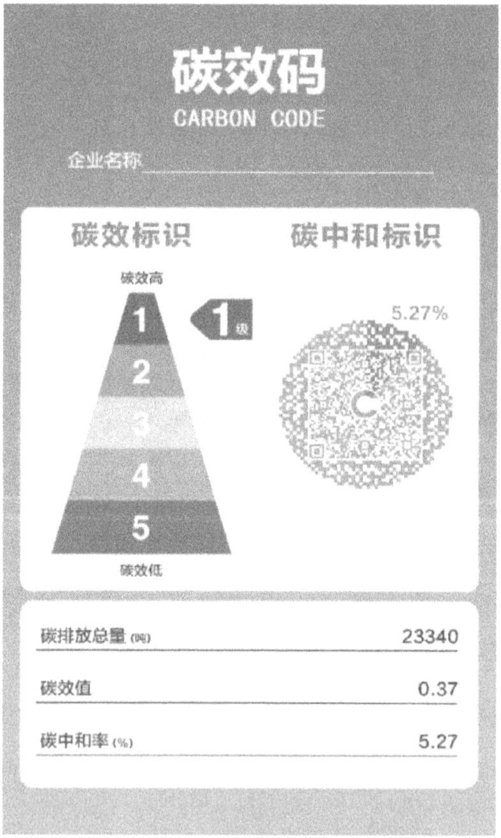

图 5-2　碳效码页面

碳中和路线图涵盖各省、市碳中和时间表任务图，通过数据分析和测算，重点监管国家规定的碳排放量等指标，利用人工智能大数据分析方法测算任务进度，建立指标预警机制，在任务到期前一定时间发出预警，提醒相关部门提前采取措施，避免“3060”双碳目标超期完成。

碳资产，通过构建碳循环全生命周期的碳资产管理服务，支持用户查阅碳循环全生命周期各环节的碳足迹、碳配额、碳排放等数据。

（5）碳交易服务

碳交易服务主要涵盖绿证交易服务、碳交易支撑服务和碳惠易服务。

绿证交易服务，盘查能耗企业的历史碳排情况，根据盘查情况以及碳核查标准，依托政府对能耗企业的控排要求测算排放配额，通过碳排放核算标准以及认证计算企业减排量后可投入市场，具备碳买卖交易功能。通过碳价分析构建区域碳交易市场、衔接绿证交易市场，具体页面如图 5-3 所示。

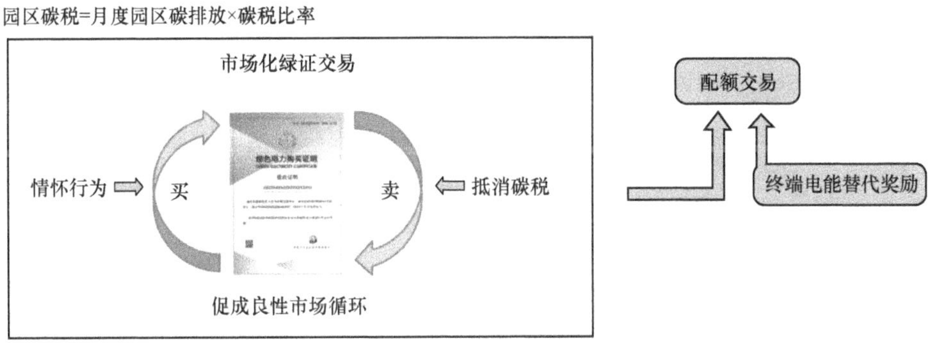

图 5-3　绿证交易服务页面

碳交易支撑服务，通过建立全国和全球碳交易价格数据库，实时呈现国内外碳成交价格；碳交易撮合认证，通过认证企业信息和交易，辅助和完善市场主体间的碳交易；碳交易市场行情分析，通过对碳市场信息的密切关注和交易行情的研究分析，为交易主体和市场参与方提供信息支撑，具体流程如图 5-4 所示。

碳惠易，为新能源发电企业和高能耗企业搭建交易平台，结合碳普惠性质的碳减排供给规则，撮合用能企业购买光伏减排量，完成碳中和，支持光伏产业发展。

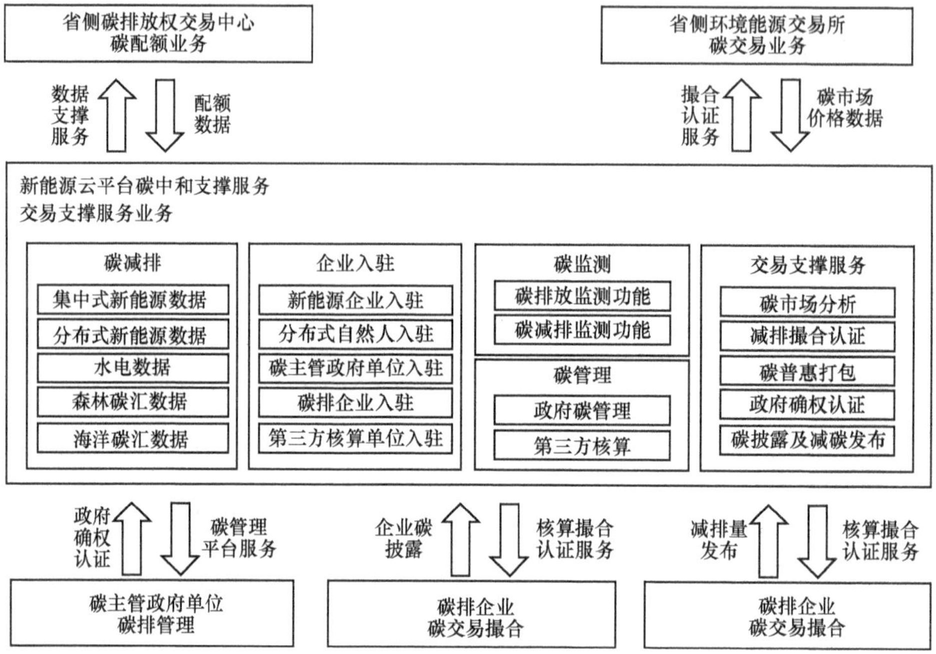

图 5-4　碳交易支撑服务流程

（6）碳金融服务

碳惠贷服务为企业提供优质信贷产品在线查询、申请、在线办理等一站式的碳信贷服务解决方案，研发具有电网特色的碳债券、碳信用、碳保险、碳资产管理等产品线，打造碳信用评价体系，进一步提升碳交易市场活跃度，助力能源产业链低碳绿色发展。

（7）碳生态服务

碳生态服务从碳中和论坛、碳中和会议服务展开构建。

碳中和论坛，具备发布论题、解答疑问、知识分享等功能。

碳中和会议面向政府、事业单位等机构组织，供其大小型会议活动使用，提供会议信息管理、会议碳减排计算器、会议碳排放中和方案等功能。同时用户可以将计算的个人参会碳排放中和，提供购买碳汇或绿电的方式对本次会议的碳排放量进行碳抵消，从而实现零碳会议、绿色会议。

5.1.4 应用场景

随着碳中和支撑服务平台的推广，新能源云碳中和支撑服务平台作为一个政府级的能源聚合平台，通过平台各类能源数据动态关联共享，构建以电为核心、综合利用各类能源信息的碳存证服务机制，为第三方碳核算机构、补贴发放机构及绿电交易机构提供可信的碳数据溯源，激发社会公众参与的活力。基于区块链特性，通过分布式新能源电站发电数据和碳减排数据上链存证，从信息源头建立起一套可信的碳减排存证追溯体系，为用户提供可信查验服务，提升碳减排量的可追踪特性，避免重复计算的问题。

基于新能源云碳中和支撑服务平台构建的碳存证追溯服务平台，旨在为碳中和支撑服务平台提供统一对外的碳减排认证服务。利用区块链技术分布式防篡改特性，建立一套可信的碳减排存证模式与追溯体系，通过构建碳存证可信管理、碳足迹追溯服务、碳资产源数据管理、碳存证授权管理等功能将碳减排流转信息全程上链存证，有效增强碳信息透明度和可信度，实现在电网自证清白的前提下，为用户和政府提供便捷可信的碳认证和碳减排认证手段。

（1）碳存证可信管理

面向中、小发电企业及个人用户，提供有效碳存证服务。将用户发电数据、碳排放检测模块计算的碳减排数据、碳减排流转信息包含绿证交易、绿电交易、碳普惠交易等过程数据上链存证，为用户提供数据可信查验与碳存证凭证生成服务，提升平台用户黏性，为政府统一监管及个人碳减排认证、碳交易等后续碳业务提供可信数据支撑。

通过将用户发电数据、碳减排数据、碳减排流转信息包含绿证交易、绿电交易、碳普惠交易等过程数据上链存证，并返回用户对应的唯一的哈希凭证，用户可自主查看新能源发电量和碳减排量，具体页面如图 5-5 所示。

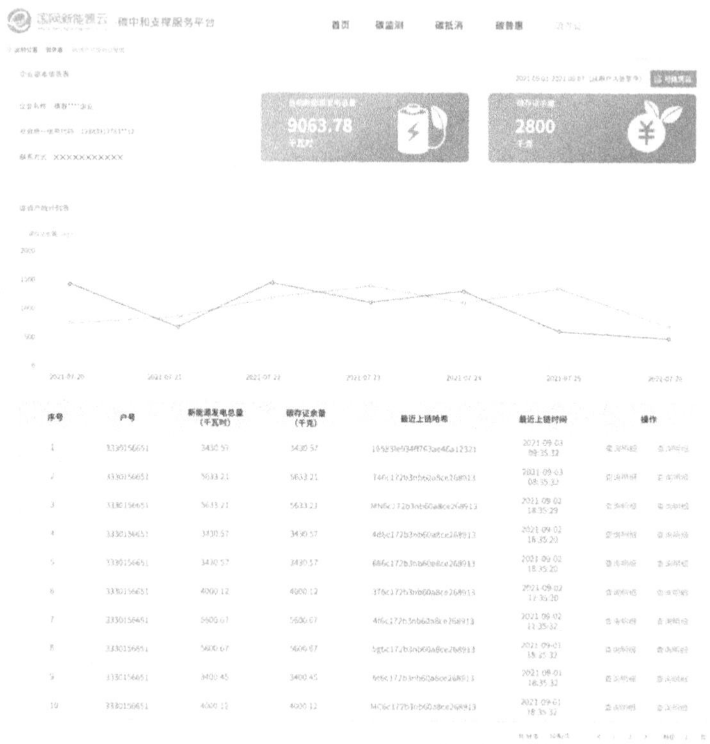

图 5-5　碳存证可信管理页面

同时平台为用户提供碳资产凭证证书查看功能，证书示例如图 5-6 所示。

图 5-6　碳资产凭证证书示例

（2）碳足迹明细追溯

面向政府普惠发放机构，提供覆盖用户碳减排全生命周期的可信明细账本，实现对用户每单位碳减排信息的追根溯源，辅助政府掌握区域绿电消纳量和碳普惠响应力度。考虑到部分企业存在绿电消费渠道多样的情况，系统首先考虑与对应业务系统对接，通过接口数据传输的方式实现用户信息录入，对于暂未实现系统对接的业务则为用户提供自主录入的方式，鼓励用户自主在线填报个人信息，以维护用户信息的一致性和完整性，为碳足迹提供可靠信息支撑。碳足迹明细追溯流程如图 5-7 所示。

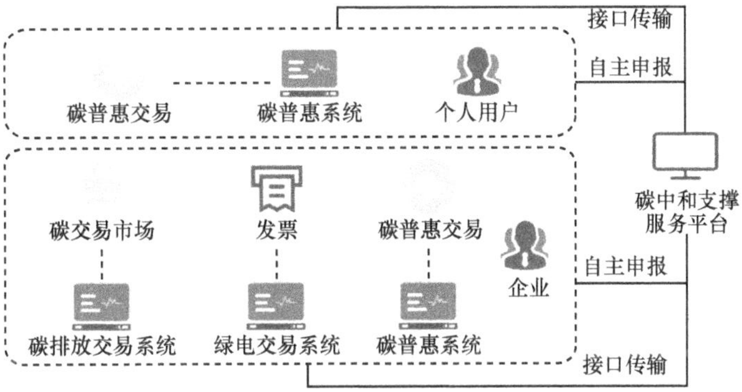

图 5-7　碳足迹明细追溯流程

基于链上存证的可信数据，为用户提供碳减排量从生产、流转到销售全过程数据明细，包括碳减排交易量、交易时间、交易渠道等信息，并且为用户展示现阶段的光伏发电总量和碳存证总量。利用用户链上存证的真实数据，为政府机构和用户提供碳信息明细查询，包括碳资产流向、消耗量、剩余量及每天新增量等详细信息，具体页面如图 5-8 所示。

（3）碳资产源数据管理

通过对接碳交易平台的数据接口、第三方减排量核证公司数据接口、政府监管方数据接口等，对外提供碳资产存证数据接口服务。碳资产源数据接口监管页面如图 5-9 所示。

图 5-8 碳足迹明细追溯页面

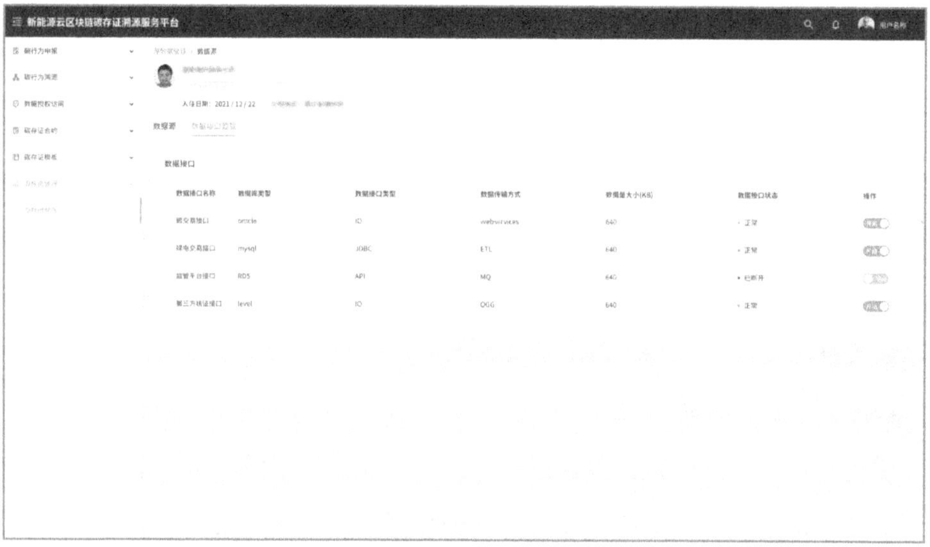

图 5-9 碳资产源数据接口监管页面

（4）碳存证授权管理

基于平台用户数据隐私安全性考虑，为规范用户碳减排数据共享管理能力，平台为用户提供了数据授权服务，支持用户主动授权和自主申请两种数据授权模式，通过设置权限有效期，限定被授权用户数据访问期限，进一步提升数据安全性。为交易双方开展碳交易等相关业务前提供一个有效的资产校验手段，提升业务办理的安全性。

碳存证授权管理主要是为维护平台数据隐私安全，为用户提供一种数据授权访问服务，利用区块链防篡改完成用户公、私密钥发放和用户身份查验，进一步提升用户访问安全性，同时将用户授权记录和访问记录在链上存证，提升平台数据一致性。用户隐私及授权说明页面和数据授权对象配置页面分别如图 5-10 和图 5-11 所示。

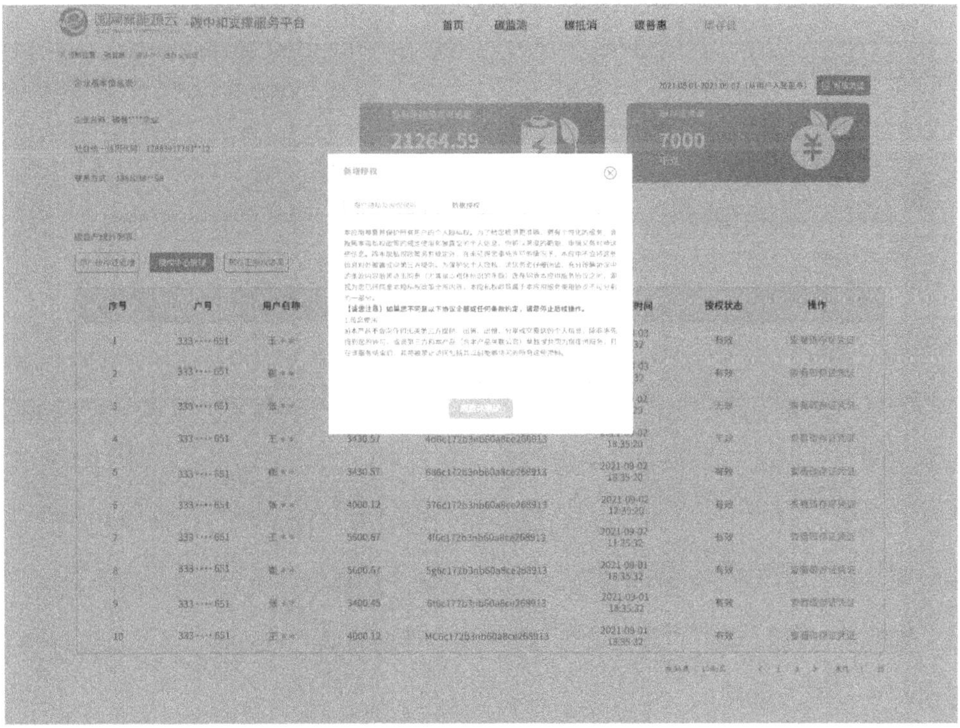

图 5-10　用户隐私及授权说明页面

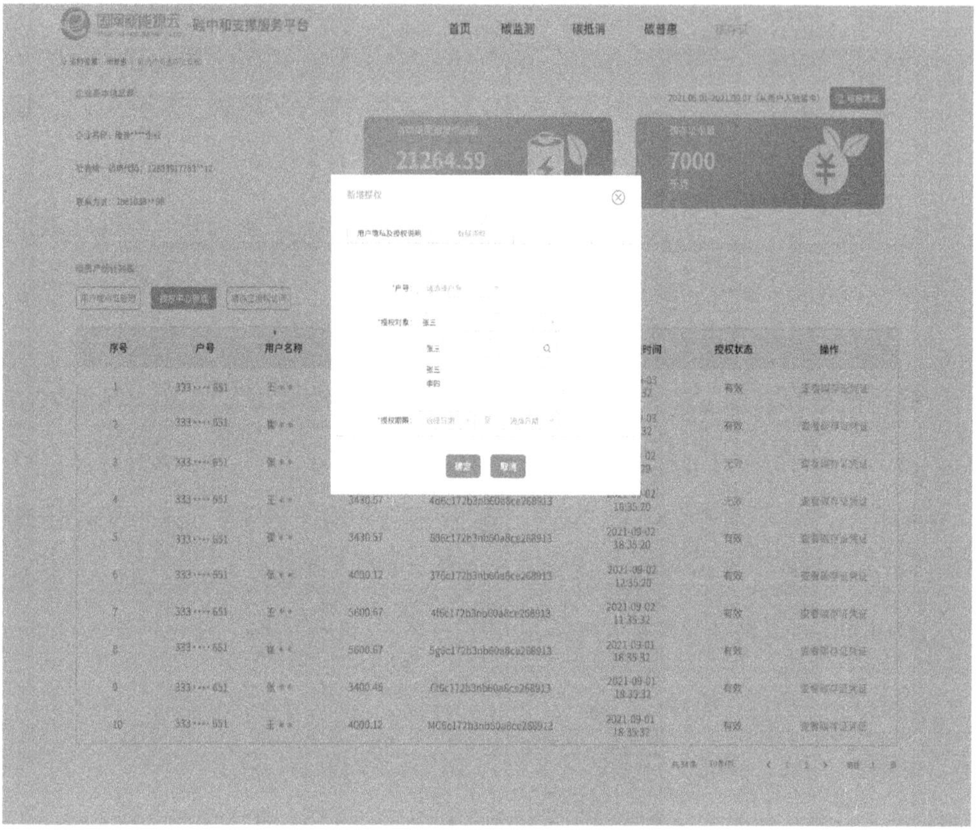

图 5-11 数据授权对象配置页面

5.1.5 建设成效

“3060”双碳目标下，国网湖州供电公司以推进能源消费革命为切入点，依托新能源云，上线碳中和支撑服务平台，平台共包含七大模块、18 个功能应用建设。目前，国网湖州供电公司已联合湖州市政府共同推动打造碳中和先行示范应用场景，实现湖州 3700 多家企业的 30 余种用能和产值数据全部录入，打造“碳抵消”“碳普惠”“碳金融”“碳科技”等创新碳产品，示范引领能源清洁转型与安全高效利用。

5.2　能源补贴解决方案

5.2.1　业务现状

2015 年 11 月 17 日，国家发展改革委、国家能源局、工业和信息化部、住房和城乡建设部 4 部委联合印发《电动汽车充电基础设施发展指南（2015—2020 年）》通知，明确到 2020 年，新增集中式充、换电站超过 1.2 万座，分散式充电桩超过 480 万个，以满足全国 500 万辆电动汽车充电需求，在充电桩海量涌入市场背景下，对充电桩的有序管理尤为重要。为了满足这一需求，河南省发展改革委开发了充电智能服务平台，目前已在全省开展试点应用，接入范围为全省新能源汽车充电设施，实时监控区域内各运营商新能源汽车和充电设施的运行情况及使用情况。一方面，充电智能服务平台可以为政府部门提供统一的充电设施监督管理平台；另一方面，它为电动汽车充电设施运营商提供了统一的充电设施运营平台，为电动汽车用户提供了统一的充电服务互动平台。政府方面，在充电智能服务平台发布了两种补贴，即建设补贴和运营补贴。建设补贴管理共包含注册账号、投资意向表填写、资料上传、互联互通、运营商补贴申请等 7 个流程；运营补贴管理指在一个补贴周期内，系统自动统计符合标准的充电桩，并计算补贴金额，自动推送给运营商确认。

伴随着新能源革命的进展，以微电网（Micro-Grid）为基础的分布式能源网络体系成为大规模发展和利用可再生能源的必要方式。光伏发电是一种灵活利用可再生能源的有效方式，并且获得了显著的成效。其原理为利用太阳能电池半导体材料的光伏效应，将太阳光辐射能这种取之不尽、用之不竭的可再生清洁能源，直接转换为电能，是一种新型发电系统[1]。目前市场上有独立运行和并网运行两种方式。独立运行的方式主要用于无电网边区或者人口分散的地区，需要使用蓄电池作为储能装置，造价较高；并网运行的方式更为常见，光伏发电系统与现有的电网系统直接连接，实现电量的即产即销，不仅较独立运行方式造价低，而且效率高，同时具有更好的环保性能。光伏补贴分为国补、省补和市补，国补和省补都由省公司发放，市补则由地方政府发放。由地方政府发补贴通知，企业将数据打印盖章提供给地方政府，同时让用户提供发票、企业盖章证明等相关佐证材料，地方政府核对双方材料无误后再发放补贴。

5.2.2 业务痛点

受新能源汽车大规模普及与政策大力扶持的影响，中国充电桩行业规模快速增长、电动汽车产业在实现跨越式发展的同时，也存在许多问题。例如，中心化的充电智能服务平台存在数据泄露、数据篡改的隐患；各充电桩运营商提供至充电智能服务平台的数据无法实时查询和追溯；补贴金额确定后，无法实时查看补贴金额计算情况；政府无法进行实时线上监管；提交材料需要反复确认，导致补贴发放周期长等问题。

光伏发电与补贴申领场景需要准确实时地记录电量信息，为电量的售卖结算和补贴的发放提供依据。目前光伏交易采用用户发电后售卖给国家电网，由政府审核通过后，经由银行向用户发放补贴的方式运行。这种运行方式存在许多痛点。补贴发放周期长，流程需要在政府、电网、银行之间多级流转，审核时间长，降低了能源生产者的参与热情。补贴审核数据存在争议，对于待审核的数据，政府、电网、银行对其真实性和有效性存在疑义，无法提供一份多方均认可的数据，需要反复地审核确认。电量的局域动态销售缺乏途径，由于用户发电直接售卖给电网，无法在局域内构建端到端的交易，即实现用户与用户之间的直接交易，无法在本地消耗动态资源。企业需要对光伏数据盖章，工作量大；政府部门需要人工核对双方提供的发电数据，工作量大且业务流程长；用户要提供纸质材料给政府，用户体验较差。

5.2.3　解决方案

针对充电桩行业提出的问题，企业提出基于区块链的充电桩补贴系统，依托区块链技术架构，对充电桩建设情况和充电情况进行分布式记账，实现建设补贴、运营补贴等金额的自动化结算，为政府提供有效的监管手段。

利用企业在省侧部署的区块链公共服务平台（省从链），构建区块链双补贴应用，充电桩建设单位、充电桩运营单位、电网公司、省发展改革委、财政厅等多方联盟达成共识，实现建设补贴金额、运营补贴金额产生至发放全流程上链存证并以智能合约的方式进行计算，审核条件满足自动触发区块链智能合约，无须人工干预，从而实现充电桩补贴自动发放，使得政府监管更加透明。

基于区块链的充电桩补贴应用是一种基于区块链的补贴应用系统。面向全体充电桩建设和运营单位，依靠“区块链”技术，实现多方企业参与共识，实现充电桩建设、运营补贴自动快速结算，实现政府补贴服务升级，用户快速获取补贴等多方共赢的运营模式。基于区块链充电桩补贴方案的主要参与方如图 5-12 所示。

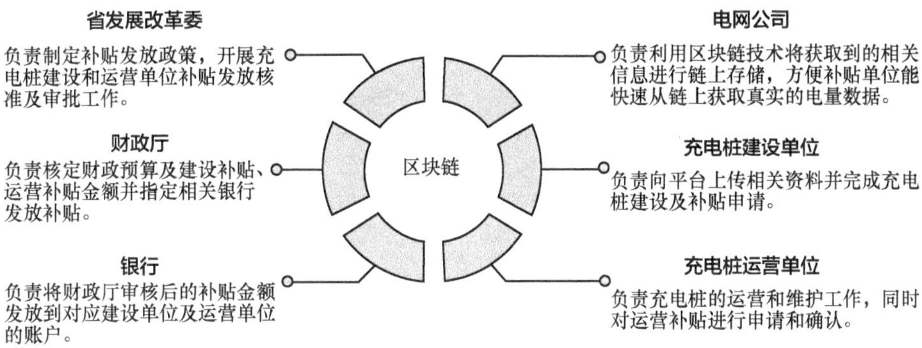

图 5-12　基于区块链充电桩补贴方案的主要参与方

确保数据真实可信、不被篡改。包括充电桩建设单位名单、充电桩标识信息、电器设备信息、竣工报告、财务报告、建设补贴金额、各级发展改革委审批意见数据、充电桩运营数据、运营补贴金额以及发展改革委审批意见等。

实现补贴快速发放。利用区块链将各类数据上链存储，实现数据全流程可信追溯，确保数据在各个参与方间可信共享，通过智能合约实现补贴自动发放，有效缩短审批周期，加快补贴发放速度。

基于区块链技术的电动汽车充电桩建设运营“双补贴”的部署方案为：在信息内网部署省公司共识库，信息外网部署省公司共识节点，在省发展改革委部署一个共识节点及共识库，在建设单位部署一个共识节点及共识库，在财政部部署一个共识节点及共识库，业务数据在信息外网共识后，通过隔离装置保存在信息内网的共识库中，该方案兼顾共识效率和数据的安全性。

同时，企业也制定了相应的容错方案，例如，通过设立审计中心，编制数据有效性校验智能合约，定期对链上存储的数据进行有效性扫描。当存在错误数据时，发布数据校验结果公式，确认数据错误后，更新数据并上传至区块链，经过共识节点共识后上链存储，确保及时发现并更正错误。基于区块链的充电桩容错方案如图 5-13 所示。

针对当前光伏补贴存在的上述痛点，本方案设计了基于区块链技术的光伏补贴场景。分布式光伏交易是一种局部绿色能源交易的有效手段，可以有效缓解电网远距离传输带来的损耗，同时丰富主干网的实现形式，加强局部电网的灵活性与自治性。

基于区块链技术的光伏发电交易参与角色如图 5-14 所示。

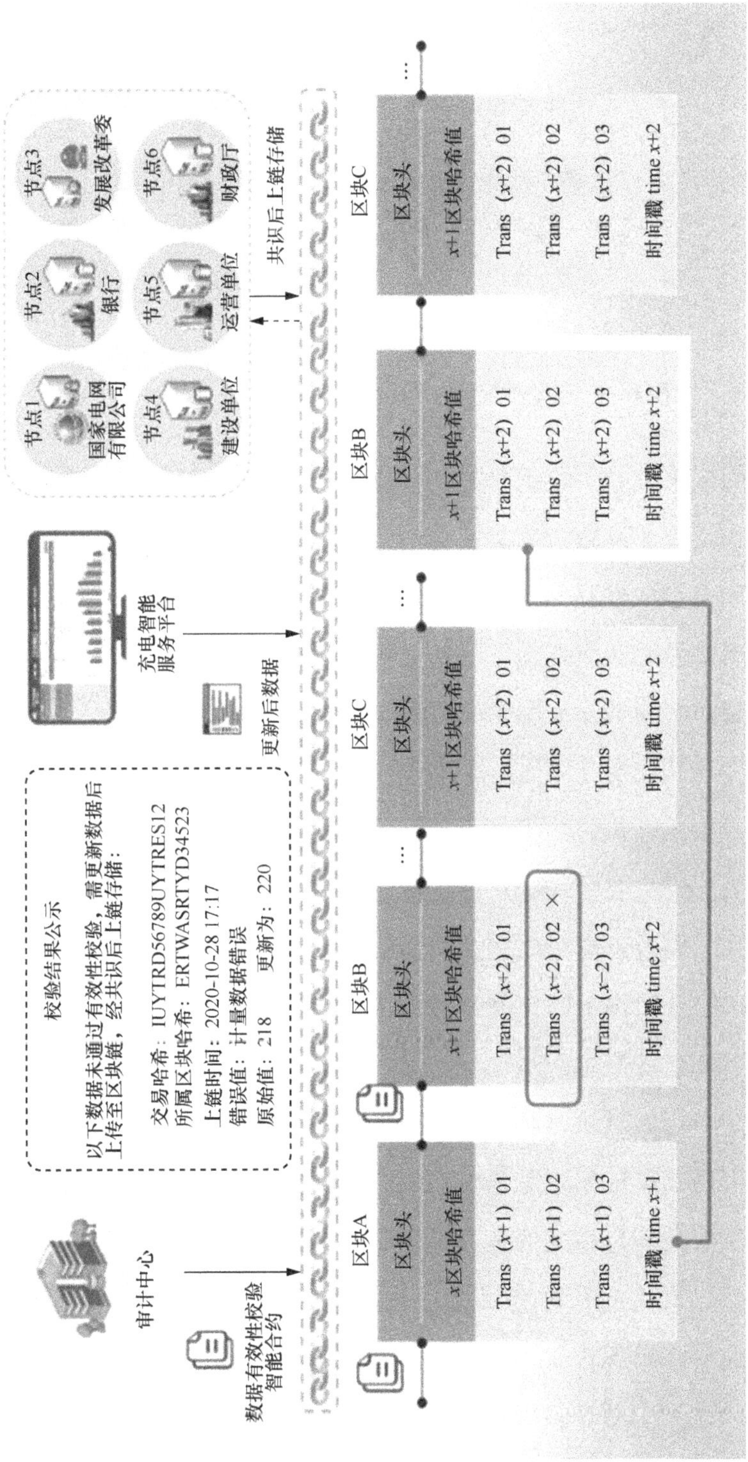

图 5-13 基于区块链的充电桩容错方案

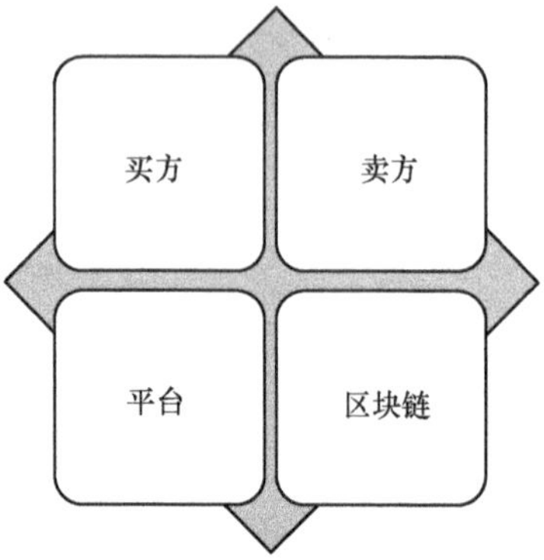

图 5-14 基于区块链技术的光伏发电交易参与角色

与传统的交易过程类似的地方均涉及平台、买方和卖方，不同之处在于添加一个区块链角色，用于负责数据的合法性校验、协议的自动化执行以及最终数据的完整永久性存储过程，去除了传统的中心机构对数据的唯一操纵权。涉及账户信息的变更方面，区块链仅仅是账户逻辑上的变化，真正的转账操作由平台负责完成。

借鉴工业和信息化部提供的区块链技术架构，本方案拟采用如图 5-15 所示的区块链技术架构，由下到上依次为数据层、网络层、共识层、合约层和应用层。数据层主要针对区块的生成、存储和加密技术研究。网络层采用 P2P 机制，保证数据在传输过程中的保密性，并运用验证机制对数据的合规性校验。共识层是架构中的关键部分，在这一层有权限的节点完成对交易信息的投票，实现交易信息的写入与删除，投票通过的交易信息由特定节点写入区块，特定节点的产生常用的方法有 PoW、PoS、DPoS、PBFT 等，各方法适用情况不同，可依据实际场景自由选择，本方案采用 PBFT 算法。合约层存储与交易数据信息相关的业务逻辑信息，以代码的形式展现，可以设置合约触发条件（常用的有时间触发），一旦满足条件，将自动执行。应用层为各层功能的最终服务对象，可应用于对数据要求较高的场景，如审计、数据资产管理、电力交易等领域。

图 5-15　区块链技术架构

区块链这种分布式系统，由不易篡改的区块数据和可编程的智能合约组成，具有极高的数据安全性、抵抗攻击性等优势。通过在数据存储、数据传输、匿名交易撮合、补贴自动发放环节应用区块链技术，快速构建端到端的光伏补贴交易，提供实时、可信的结果，大幅提高交易效率，提升光伏补贴效率，同时在能源生产方和能源消费方促进光伏交易的发展，为改善当前光伏发电的痛点、局域内的大规模部署应用提供新的解决思路。基于区块链技术的光伏补贴场景设计如图 5-16 所示。

能源生产方通过光伏板将太阳辐射能转化为电能，利用电表统计一段时间内的发电信息。数据采集器读取有价值的电表数据，并发送至区块链系统交换机，交换机对传输信道进行加密，保证数据传输过程的保密性和难以篡改性。数据同时发送到政府、电网、银行和第三方数据公司存档，为以后的补贴审核

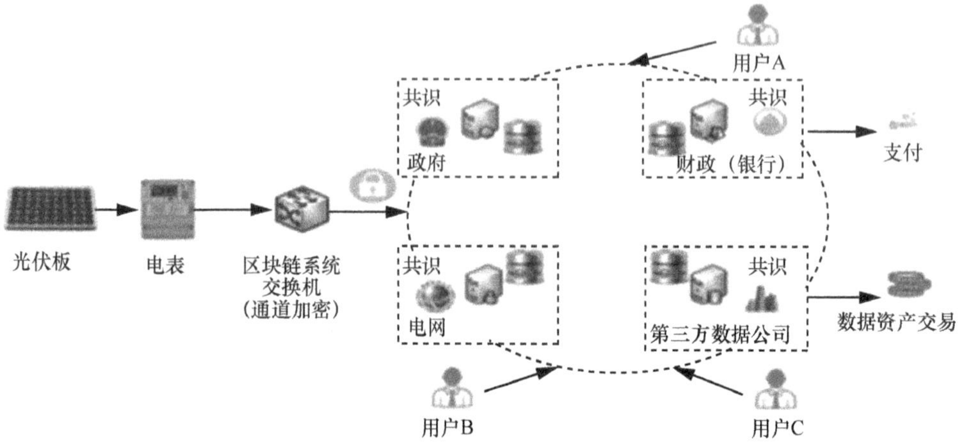

图 5-16　基于区块链技术的光伏补贴场景设计

以及端到端交易共识提供可信数据依据。在交易完成后，区块链账本将同步更新共识过程参与方存储的用户账户信息，同时由银行完成账户信息的更新，第三方数据公司完成数据资产的转移。

图 5-16 所示的设计思路，可以有效解决当前光伏发电交易中存在的补贴方法周期较长问题。采用分布式共享的账本技术，保证各参与方的数据实时同步，从而大幅减少繁冗的多级审核流程，提高补贴发放效率，提升交易数据的可信度。加密的通道传输以及链式的数据存储结构可实现数据的不易篡改和可信追溯，从而提升数据的安全性以及交易结果的可信性，促进局域内电量的动态产销。基于区块链技术的智能合约，提供区域内端到端交易的构建与自动执行方法，可有效提升交易执行的灵活性。

买方和卖方需要提前在平台上注册，生成在区块链系统中代表身份信息的唯一的公钥和私钥，即登录系统的凭证信息。只有注册过的用户方能在系统中发起交易信息和补贴申请。需要注意的是，用户需要同时注册电表信息，一个是日常统计电量使用情况的电表，一个是针对申请补贴和电量售卖的光伏发电计量数据进行统计的电表，以便后续对电表数据进行读取。

注册完成后，用户即可以登录系统参与交易。买方向交易平台发布所需电量，平台根据买方的需求寻找匹配的卖方（卖方会在平台上发布拥有的电量、价格和输电时间等信息），并将匹配结果返回买方，如果有多种选择，由买方自行决定交易对象；买方选择卖方后，会根据自身情况与卖方磋商，双方就电量价格、支付方式和支付时间等信息反复协商，最终以协议的形式确定。一旦协议达成，平台会校验买方的账户余额是否足够支付本次交易以及卖方的可用电量是否满足本次交易需求，如果二者均通过校验，则平台按照协议要求冻结买方相应数值的金额和卖方相应数量的电量，防止任何一方中途不履行协议。将协议按照逻辑形成代码，即合约，与数据等信息一并封装存储至区块链中，称为合约上链，当合约条件满足时，自动触发执行，无任何人为干预。

买方如果为普通用户，即实现了端到端的交易；买方如果为电网公司，则实现了并网，同时卖方可以发起光伏补贴申请，实现多余电量的售卖，而分布式存储的计量数据则为补贴计算提供可信依据，同时减少反复核验的多级审核流程。

当合约执行完毕后，程序通过接口通知平台更新用户的状态信息。交易平台修改买卖双方电量，分别向买方和卖方通知电量变化，买方和卖方在收到各自的消息通知后，更新本地的电量。在这些操作进行的过程中，区块链系统会检测成功完成的操作，对丁这些操作进行区块写入，并由共识机构共同完成区块内交易信息的验证工作，最终将验证通过的交易信息构成的新区块存储至区块链中。区块链系统将存储成功的消息反馈至交易平台，平台收到存储完成的消息后，通知买方和卖方交易的存储信息，买方和卖方完成本地交易信息的更新。

参与共识过程的政府、银行、国家电网和第三方数据公司不采用公有链中常用的工作量证明机制争夺区块的写入权，也不采用联盟链中常用的权益证明机制选取拥有数据写入权限的节点。本研究通过设置监控节点实时监控节点的有效状态，并且采用轮询的方式在共识节点中完成主节点（具有区块写入权限）的生成，从而合理有效地利用系统资源，提升系统响应处理能力。

5.2.4 应用场景

（1）充电桩建设补贴发放业务

原充电桩建设补贴发放过程需要建设单位申请建设补贴时上传资料、绑定站点并接入平台后，才能申请补贴，流程较为复杂。建设补贴的审核流程需要从市级到省级逐级审批，由于存在数据已被篡改的风险，因此需要重复审查，增加人力成本，审批周期较长。充电桩建设补贴原流程如图 5-17 所示。

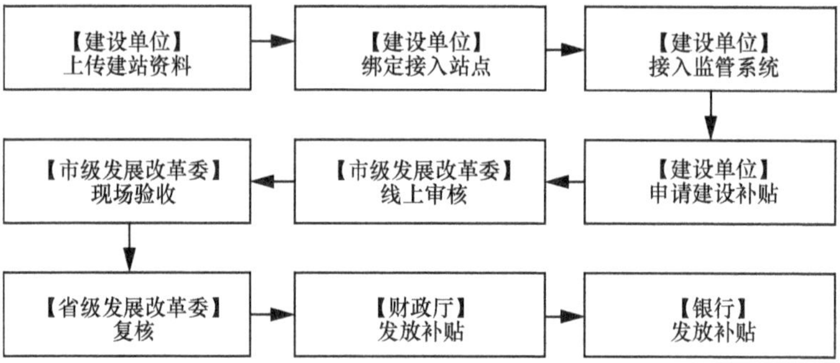

图 5-17　充电桩建设补贴原流程

为了解决以上问题，本研究提出了基于区块链的充电桩建设补贴方案，充电桩建设补贴发放业务流程如图 5-18 所示。由建设单位向平台上传相关材料并完成补贴申请；平台将相关资料上传至区块链，在各参与方间实现数据安全可信共享，同时，平台为该申请生成补贴合约并设定触发时间；到达设定时间，自动触发智能合约，并调用链上存储的真实数据进行补贴金额的计算，再将计算结果上链存储；省发展改革委、财政厅根据链上存储的资料快速完成自动审批，并通知银行发放补贴。利用区块链分布式、防篡改的特性，保证建设单位、发展改革委、电网公司、财政厅及银行等业务相关方信息真实、一致。同时利用区块链可追溯的特性，保证信息有迹可循，若后期发生业务纠纷，可提供参考依据。

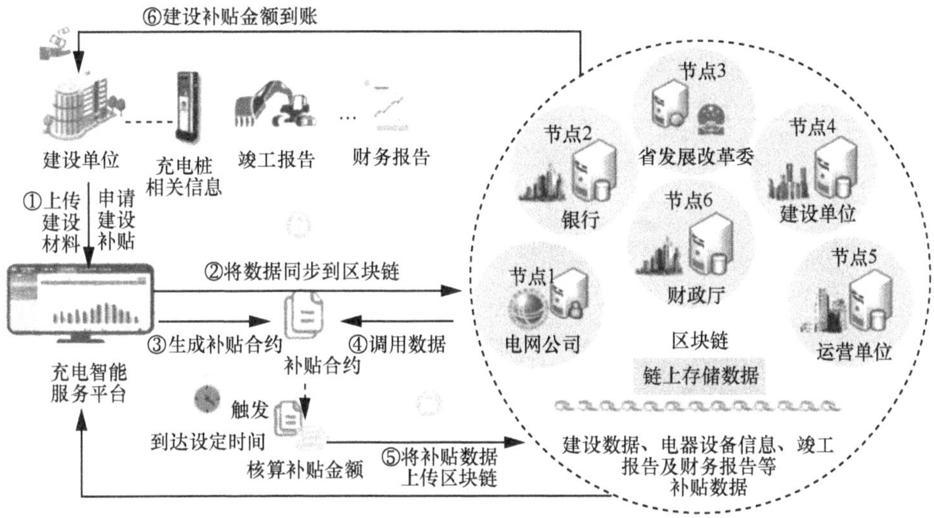

图 5-18　充电桩建设补贴发放业务流程

（2）充电桩运营补贴发放业务

原充电桩运营补贴发放流程为：电力公司定期通过充电智能服务平台进行充电桩充电量的收集和监测，核实充电运营补贴条件是否满足要求，待满足要求后，计算相关补贴金额并发送至省发展改革委审核，审核完毕后，发放充电桩运营补贴。中心化的充电智能服务平台存在数据泄露、数据被篡改的隐患；补贴金额确定后，无法实时查看补贴金额计算情况；存在数据被篡改的风险，导致重复审查，增加人力成本，审批周期较长。

基于区块链的充电桩运营补贴方案，利用区块链存储数据真实可信、难以篡改的特性，定期将充电桩运营数据上传至区块链，经运营单位、省发展改革委、电网公司等多方共识后，存储至区块链中，作为后续计算运营补贴与审核的参考依据。充电桩运营补贴发放业务流程如图 5-19 所示。公司定期将平台注册充电桩相关信息上链存储，在各参与方间实现数据安全可信共享；运营单位按期申请运营补贴；平台为该申请生成补贴合约，并调用区块链上存储的运营数据进行补贴金额的计算，再将计算结果上链存储并发送给平台；省发展改革委、财政厅根据链上存储的资料快速完成自动审批，通知银行发放补贴；运营单位可实时查看补贴金额。

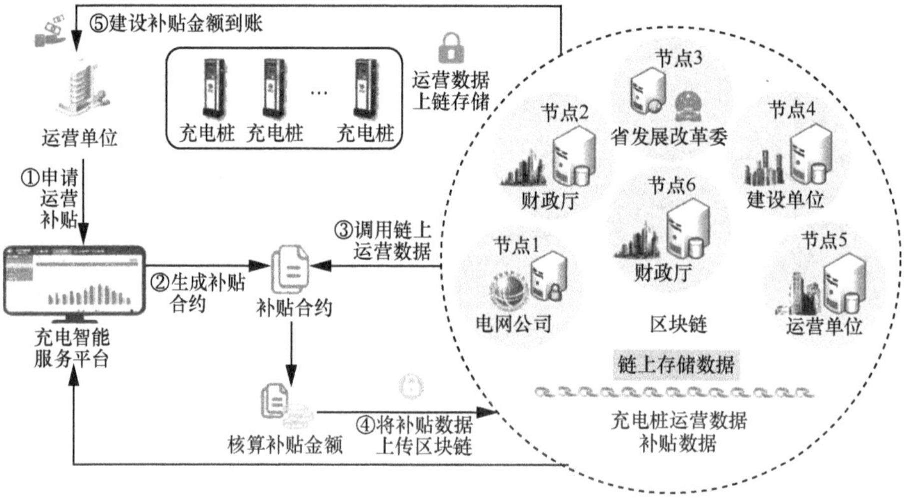

图 5-19　充电桩运营补贴发放业务流程

（3）光伏补贴发放业务

依据区块链的特性和技术架构，本研究基于区块链技术的光伏补贴场景实现流程如图 5-20 所示。

利用区块链智能合约技术，构建基于区块链的光伏补贴服务平台，创新地将国家光伏补贴资金管控与区块链技术、智慧财务理念有机融合起来，体现了独特性、安全性和价值性。通过应用区块链技术，整合全业务信息，贯通多主体流程，同时依托区块链难以篡改、可追溯等特性，确保存储数据安全、真实可信，大幅提升工作人员的工作效率。

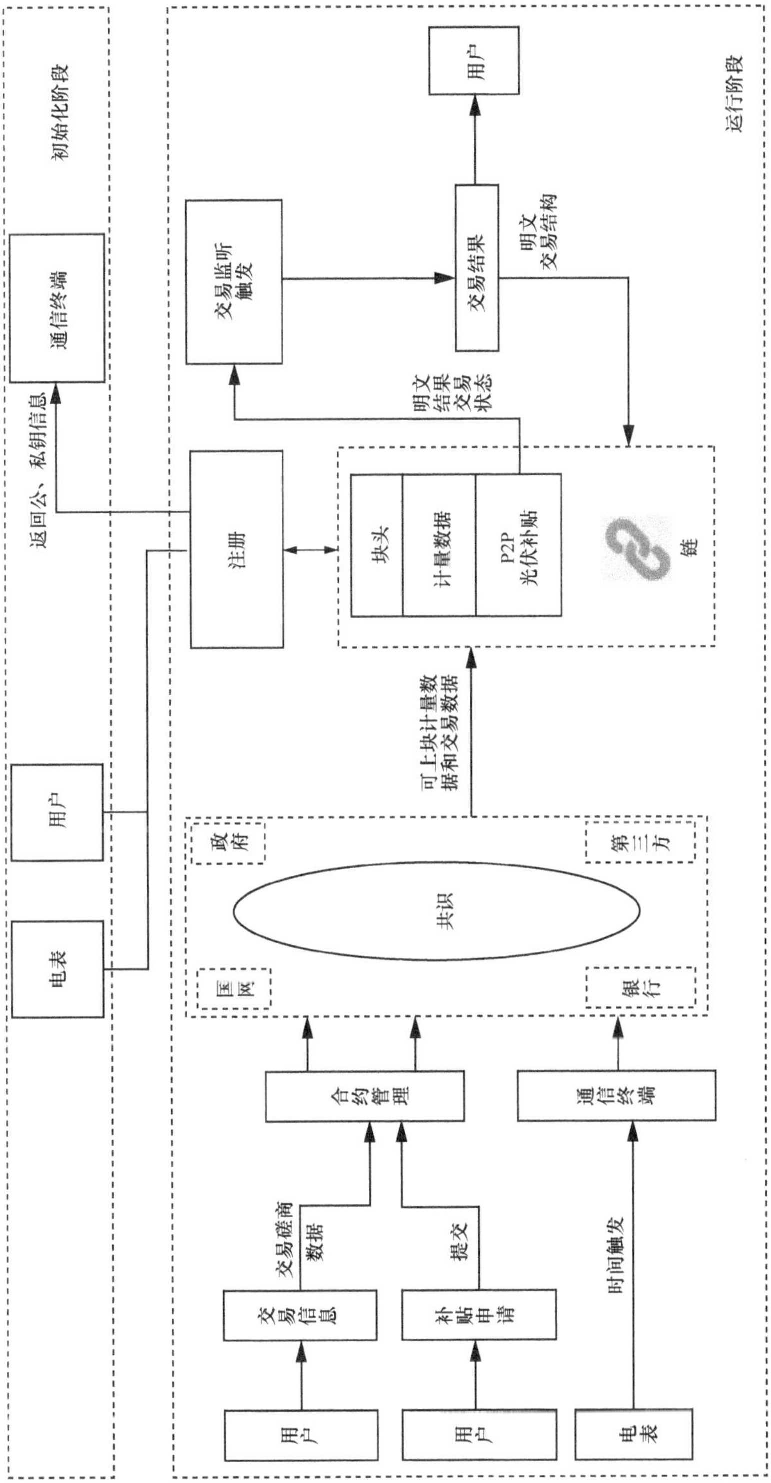

图 5-20　基于区块链技术的光伏补贴场景实现流程

5.2.5 建设成效

充电桩补贴业务中，通过在政府及企业间搭建联盟链，利用区块链难以篡改以及多方记账的特性，对充电桩建设情况和充电情况进行分布式记账，建设补贴、运营补贴等金额定时以智能合约的方式计算，审核条件满足自动触发区块链智能合约，无须人工干预，从而实现充电桩补贴自动发放，缩短了发放周期，提升了审核效率，使得政府监管更加透明。

充电桩建设补贴信息页面如图 5-21 所示。

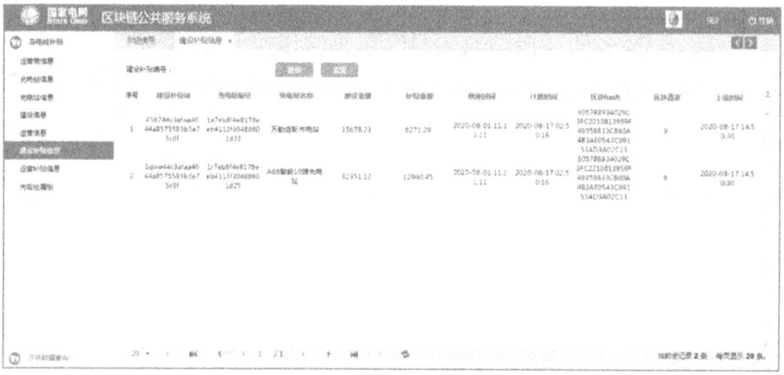

图 5-21　充电桩建设补贴信息页面

充电桩运营补贴信息页面如图 5-22 所示。

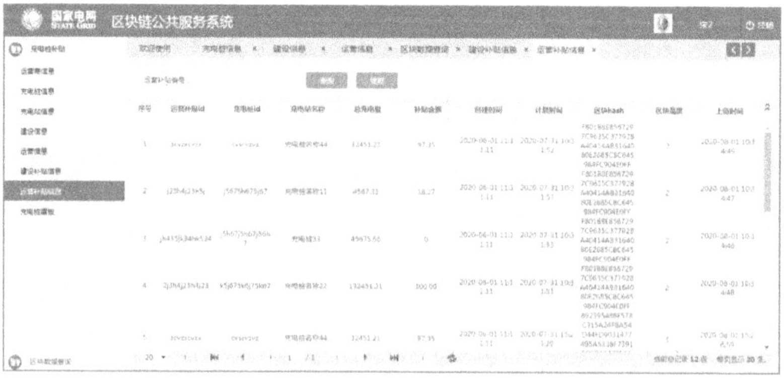

图 5-22　充电桩运营补贴信息页面

充电桩区块数据查询页面如图 5-23 所示。

图 5-23 充电桩区块数据查询页面

光伏补贴业务中，利用区块链技术，加强采集数据传输环节的安全性，加强计量数据的可信、可追溯和实时性。基于区块链技术的光伏补贴方法具有可信与实时等特点，极大解决了光伏补贴的信用问题，实现用户补贴申请“一次不用跑”，提升补贴审核效率，光伏补贴信息页面如图 5-24 所示。

图 5-24 光伏补贴信息页面

新能源革命使得人们不断探求如何有效对其进行利用。光伏发电作为目前微电网领域较为成熟且得到大力提倡的分布式发电系统，有着广阔的应用前景。将区块链技术应用于光伏售电和补贴申领场景，可大幅提升资源的利用效率，提高系统的处理能力，实时的响应速度可以满足实际需求，相较于传统基于中间机构的系统有着更高的效率、更低的成本和可信度更高的处理结果。

5.3 电子数据保全解决方案

5.3.1 业务现状

电子数据保全在确立了其作为独立证据的地位后得到快速发展。2012 年中华人民共和国民事诉讼法解释中明确了适用电子数据的规定。2018 年，人民法院新收知识产权民事、行政和刑事案件数量达到 334951 件，相比 2017 年增加 97709 件，同比上升 41.19%。其中，知识产权行政一审案件和民事一审案件呈大幅上升态势，增幅分别达到 53.57%和 40.97%。中国裁判文书网数据显示，在近 3 年约 5000 份知识产权民事判决书中，约 89%的案件使用了电子证据。《2018 年中国电子证据应用白皮书》中数据显示，电子证据被认定为法律事实的案件越来越多，涉案金额年增长达 15%。全国民事案件超 73%涉及电子证据。电子数据保全被应用于商务往来、离婚财产、证券纠纷、互联网金融、电子病历等不同类型的场景。

随着互联网的普及，电子商务、互联网金融、网络社交等互联网产品快速发展，越来越多的民事纠纷发生在了“看不见”的电子网络上，电子数据也由此被愈发广泛地应用于诉讼之中。电子数据是电子信息技术产业与法律实务需求碰撞产生的一种新型证据种类，被视作信息世界里新的“证据之王”。电子数据作为独立的证据种类，其保存固化显得尤为关键。但由于电子数据的自身特点和传统电子数据保全模式的相对滞后，当事人保全电子数据的需求很难获得高效满足。

近年来，由不同企业或组织开发的电子数据保全平台在互联网上涌现，针对移动通信设备的电子数据保全应用也相继出现。这类平台多从用户身份的确认以及确保电子数据原始性和完整性的角度出发，固化电子数据。用户以经过验证的真实身份登录电子数据保全平台，自主选择需保全的电子数据，并加密保存于平台的存储设备上。当用户需要将存储在平台上的电子数据用于诉讼时，由平台或者合作的司法公证机构出具相关证明文书。从当事人的角度而言，电子数据保全平台的出现，提高了证据保全的主动性和便捷性，也更为经济实惠。对司法工作而言，若电子数据保全系统能保证其固化的电子数据具有证明效力，那无疑将极大简化电子数据保全程序，提高司法效能。相对于电子数据的公证保全和法院保全而言，电子数据保全是一种较新的保全模式，它的推广不可回避地需要从诉讼程序设置和电子数据的特点出发，设计其保全模式具有切实可行性。

5.3.2　业务痛点

电子数据保全的出现，创新了电子数据保全的模式，以科技优势进行了高效保全电子数据的努力，对预防网络民事纠纷、即时保全电子数据具有重要意义，甚至带动了法院和公证机构进行网上电子数据保全的尝试。但在另一方面，由于电子数据脆弱性、隐蔽性及虚拟性等特性的影响，电子数据保全平台必须保持较高的技术水平、掌握不同类型电子数据的特点。第三方机构进行电子数据保全并不是简单地提取证据并存储，其间的任何一个环节都有可能遇到不同程度的困难。而电子数据保全作为较新的保全模式，缺乏立法的支持和相应的借鉴，比常规证据保全面临更大的挑战。

（1）中心化存储的保全系统有较大安全风险

目前各种类型的保全系统都是中心化系统，传统的存证方式有公证存证、第三方存证、本地存证等，这些方式本质上都由一方控制存证内容，是中心化的存证方式。中心化存证下，一旦中心遭受攻击，容易造成存证数据丢失或被篡改。在司法机构或者第三方机构的机房或者云平台运营的电子数据保全系统，将被直接带来一定的运营风险。例如，只需要对此服务进行攻击和破坏，就会将所有的电子数据毁坏，即便有多种保护措施，这种中心化的设计还是有很大的安全隐患。特别是运行在云平台的电子数据保全系统，其运行环境有产生较大变化的风险，数据库以及电子签名的数据保存有很大的安全隐患，这都是目前的电子数据保全面临的最大问题。

（2）电子数据保全有较高的运营成本

目前的电子数据保全模式是中心化的部署方式，无论采取线上还是线下的方式，都涉及针对电子签名数据的集中管理。电子数据依赖电子介质存储，为了存储安全，经常需要使用多备份等方式，加之电子介质有其使用寿命，因此存储成本较高。这种管理会造成一定的运营成本，需要有人力、物力保证整个电子数据的保全流程。随着电子数据的量越来越大、种类越来越多，相应的成本越来越高。如果可以分散运营、分摊成本，更有利于电子数据保全的应用和发展。

（3）单独的电子数据保全机构仍旧有法律权威质疑

从电子数据真实性的角度来看，电子数据的证明力是与其真实性密切相关的，而电子数据的真实性以其内容的原始性和完整性为基础。原始性要求电子数的内容是初始生成的；完整性则意味着电子数据的生成、存储、传递过程中，不存在删除、改动、剪接等。而对于第三方电子数据保全来说，需要根据电子数据何时生成进行区别分析：如果待证电子数据是进入保全平台之后提取、生成并存储的，则具备完整性要求；如果待证电子数据生成于进入保全平台之前，所保全的电子数据的形态，是电子数据保全平台保全提取后的形态，并不能证明该电子数据在进入电子数据保全平台之前的状态，也不能证明保全之前是否经过变更。从这个角度来看，目前任何电子数据保全平台都不能完全证明所保全的电子数据的完整性。因此，利用目前市面的电子数据保全系统保全的电子数据，在证据的完整性和真实性上可能会受到司法实务部门的质疑。

（4）电子数据保全不透明、不方便追溯

目前电子数据保全的应用还远未达到公开透明的要求，大多数电子数据保全是让指定用户管理指定的电子数据，在电子数据保全系统上查看的是系统通过转换展示给用户的信息，并不能确定数据的真实性。电子数据变更和保全的追溯也有同样问题，页面展示的追溯流程与实际的流程是否完全吻合及展示是否完整的问题等，都会造成电子数据的真实性存疑。研究一种可以完全达到前、后台统一的技术，保证展示数据有据可查，保证电子数据的公开透明、可信追溯，这是一个非常重要的问题。

（5）证据与案件、与设备不可分

目前，在对某些本地产生的电子数据取证时，原件只能留存在产生电子数据的设备当中，证据原件和设备是不可分的。证据原件一旦离开设备，就变成了复制品而不能成为定案依据。因此，在民事诉讼中，经常发现当事人需要向法院展示手机等设备，迫使当事人本人必须到庭进行操作。在刑事调查和行政调查中，因查封电子数据原始载体是取证的首要手段，被调查人的计算机硬盘、服务器可能被全部拿走进行调查，导致出现被调查人正常业务被迫停止的情况。这一情况给司法相对人造成了不必要的麻烦，并且很难杜绝当事人此前已经对原始文件进行的删改，对于调查而言事倍功半。

（6）原件可以被单方修改

在目前的互联网软件上形成的数据原件，都是基于当事人在互联网软件服务商处注册的用户名密码下的行为所致。在这种数据逻辑结构下，也基于对隐私权的保护，当事人对自己数据的删改，包括对其删改记录的删改是其拥有的权限。那么，所谓的原件到底是不是事件发生时真实、原始和完整的数据，互联网软件服务商也无法给出确切的答案。即使互联网软件服务商给出了留存的数据，也无法证明这个数据是否已被互联网软件服务商删改，不能完全保证相关数据的真实性，严格来讲，相关数据只能作为线索和间接证据使用。因此，在对电子数据取证的时候，所取证据是否属于原件，也是存疑的。

（7）示证问题

电子数据展示和固定是电子数据使用的重要环节，由于电子数据的存在形式是存储在电子硬件中的电子信息，要获取其内容需要使用相应的软件读取和展示。这给示证带来了困难，具体表现在以下方面。

- 并非所有电子数据的内容都可以通过纸质方式展示和固定，如电子数据的电子签名信息和时间信息。
- 对电子数据原件的截图、录像、纸质打印、复制、存储一般都交由当事人完成，而其中的差异是难以在原件和复制件核对查验时充分验明的，这给了当事人篡改数据的空间。
- 示证的困难使得对电子数据公证的需求增加，这严重增大了当事人的举证负担，也严重浪费了社会司法资源。

（8）举证问题

在诉讼中，双方都会提交自己留存的电子数据作为证据。在当事人分别控制自己数据的情况下，非常容易发生双方提交的证据有出入，甚至矛盾的情况。在没有其他佐证的情况下，证据的真实性认定非常困难，双方提交的电子数据都无法成为断案依据。在这种无法判断案件事实的情况下，法官很可能需要依靠分配举证责任断案。而一般的举证责任分配原则是“谁主张，谁举证”，无法举证则承担败诉的后果。那么在这种情况下，积极篡改自己数据的一方可以在这种举证责任的安排下获利。

（9）证据认定问题

一切证据“必须经过查证属实，才能作为定案的根据”，是在世界范围内具有普适性的最重要的司法原则之一。证据的认定，通常是认定证据“三性”的过程，即证据真实性、合法性和关联性。电子数据作为证据也需要经过“三性”判定。电子数据因为数据量大、数据实时性强、保存成本高、原件认定困难等原因，对证据的“三性”认定依然较困难，电子数据经常因为难以认定而无法对案件起到支撑作用，这对法官和当事人都造成了较大压力。

5.3.3　解决方案

对于传统取证方式表现出成本高、效率低、真实性难以保证等不足。区块链技术适合作为电子数据存证的补充，区块链的时间戳可以标示出电子数据发生时间，用户的私钥对数据的签名是用户真实意愿的表达，并且区块链难以篡改、可追溯的特点有利于对电子数据提取和认定[2]。证据在司法实践中的存证、取证、示证、质证等过程对应着电子数据的存储、提取、出示、质询等动作流程。

此方案提出基于区块链的电子数据保全系统，每个组织机构作为区块链网络中的一个节点，将业务电子文档存储在数据保全系统中，数据保全系统将合同存储在区块链上，被授予权限的机构作为区块链网络中的节点可以直接在区块链上查询业务电子文档。区块链不仅提供了不同组织机构之间的数据共享平台，还保证业务电子文档的真实性与一致性。同时，利用智能合约实现业务电子文档的全生命周期管理，包括业务电子文档生成、存储、审核、更新与查询，不仅提高了跨机构的工作效率，还降低了运营成本。

个人用户在电子数据提供方办理业务，电子数据提供方业务系统将业务电子文档发送给数据保全系统，电子数据提供方在保全系统的区块链上运行业务电子文档，对其进行存储。同时，公证处实时获取未被公证的业务电子文档，并对其公证、鉴定、仲裁、背书，增加数据的权威性、真实性、可信性。司法鉴定机构可以实时从公证处和电子数据提供方同步数据，将已被公证的数据安全完整存储。在此处平台，将业务电子文档归档，按时间、关键词检索查询，为用户提供业务电子文档存证和出证服务。最后，个人用户根据业务电子文档的某个字段，在电子数据提供方的某个平台查询和验证数据。

基于区块链的数据保全系统主要从合同生成、合同存储和合同管理 3 个方面保证业务电子文档的真实性与一致性。业务电子文档的内容是通过个人用户和电子数据提供方确认的，双方均对确认后的合同进行电子签章。区块链是按照时间顺序将数据区块以顺序相连的方式组合成的一种链式数据结构，是以密码学方式保证的难以篡改和伪造的分布式账本，具有防篡改、一致性、可追溯的特点，用区块链存储业务电子文档可以保证业务电子文档的存储安全，同时区块链分布式的特点可以保证跨组织的数据共享。基于区块链的智能合约就是将业务用代码实现，并在区块链上执行，保证数据管理过程的公开透明，用智能合约实现业务电子文档的管理业务和公证业务，不仅保证业务电子文档管理流程的公开透明和可追溯，还使得业务电子文档管理自动化。基于区块链的数据保全系统整体框架如图 5-25 所示。

网络中有电子数据提供方、公证处、司法鉴定机构和个人用户 4 种角色（节点）。电子数据提供方生成业务电子文档，将数据写入区块链平台。公证处（司法鉴定机构、仲裁机构）对业务电子文档内容进行公证、背书。司法鉴定机构归档已背书的业务电子文档，提供存证、出证、查询、验证、审计等功能。个人用户可以在区块链上查询业务电子文档以保障利益。业务电子文档保全网络拓扑如图 5-26 所示。

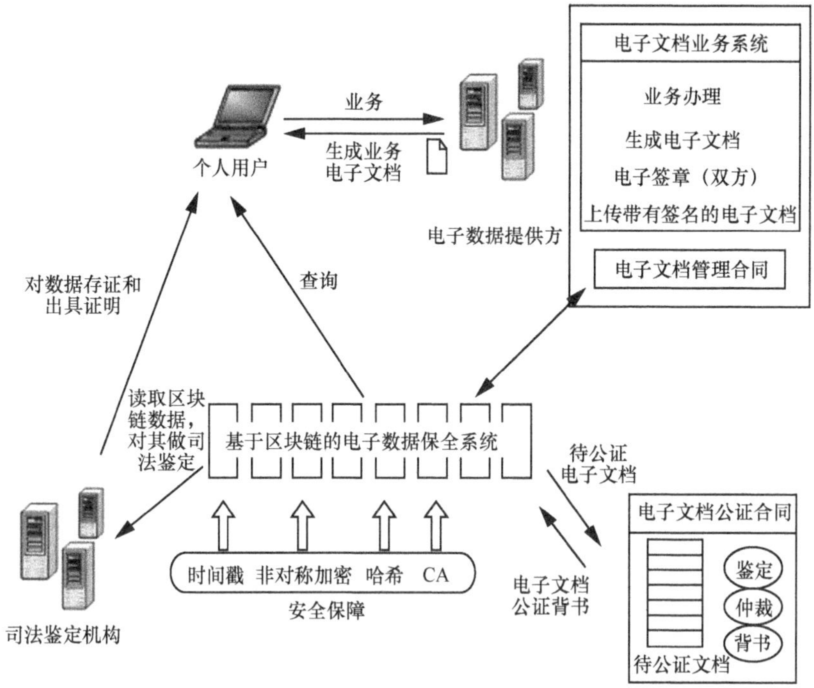

图 5-25 基于区块链的数据保全系统整体框架

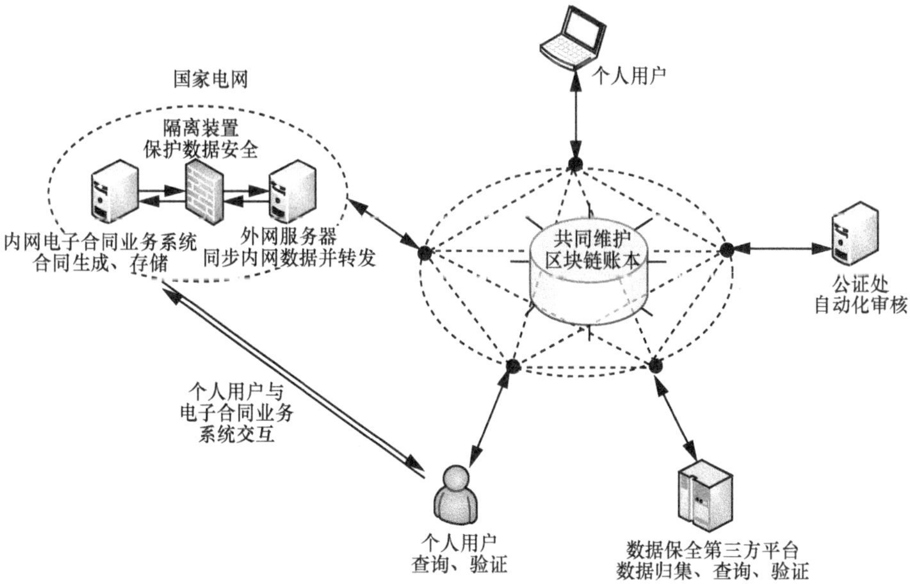

图 5-26 业务电子文档保全网络拓扑

首先，个人用户与电子数据提供方达成业务合作意向，生成业务电子文档。个人用户用其数字证书与电子数据提供方签署业务电子文档，将签署完成的合同上传到内网服务器，存储在电子数据提供方内网节点的数据库中，内、外网连接通过网闸（或隔离装置）互联，网闸（或隔离装置）保证内部网络、服务器和数据库的安全，使得内、外网数据可以安全交互。内网数据通过网闸（或隔离装置）同步到外网，存储在外网基于区块链的数据保全系统。此系统采用有效技术确认签约主体真实身份、防止文件被篡改、精确记录签署时间。

其次，公证处（司法鉴定机构、仲裁机构）实时从电子数据提供方外网节点同步区块链区块数据。同步数据后，公证处节点查找出未被公证的数据，并对其公证、鉴定、仲裁、背书，增加数据的权威性、真实性、可信性。再将已被公证的业务电子文档写入基于区块链的业务电子文档管理系统。

再次，司法鉴定机构实时从公证处和电子数据提供方同步数据，读取已被公证的业务电子文档。电子保全机构会将已背书的业务电子文档归档，用户可以按时间、关键词查询，为用户提供业务电子文档存证和出证服务。

最后，用户可以在业务电子文档管理平台查询业务电子文档数据，还可以向司法鉴定机构申请查询验证业务电子文档真伪。

为了实现如图 5-26 所示的拓扑图，将系统架构分为 3 层，分别是区块链层、智能合约层和数据保全层，基于区块链的电子数据保全系统架构如图 5-27 所示。区块链层负责电子数据存储，并通过一致性算法保证跨组织的数据同步和提供智能合约的运行环境。智能合约层负责管理智能合约的全生命周期活动，包括合约生成、上传、执行和查询，提供数据保全平台业务的实现环境。数据保全层负责电子数据的管理业务，业务电子文档数据的管理由智能合约完成，将管理和公证分别写成管理智能合约和公证智能合约，合约放在链上运行，使得业务自动化，节约成本。

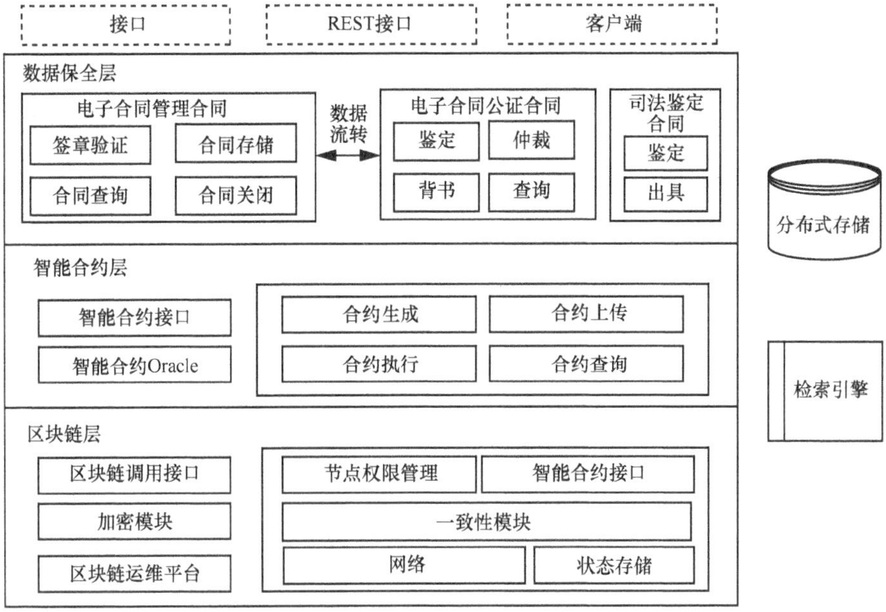

图 5-27　基于区块链的电子数据保全系统架构

5.3.4　应用场景

（1）电子合同

在法律意义上，有效的“电子合同”与传统“纸质合同”在意义和作用上没有什么不同，但是在形式上却有极大的差异。“电子合同”和传统的“纸质合同”最大的差异就是载体发生了变化。电子合同的载体不同于传统书面合同的纸张载体，而是采用计算机等信息设备存储，也没有物理实体存在，仅仅以数据的形式存储在存储介质中。另外，在合同签署中，传统“纸质合同”的签字盖章环节被基于公钥基础设施（Public Key Infrastructure，PKI）的数字证书代替，从而实现“电子合同”的当事人之间互不见面也可完成签署。

纸质合同是传统的签约方式，供应商会在线下与企业市场部门签署纸质合同，履行双方应尽的义务和责任。但是这种方式会耗费大量的财力和物力，在企业体系大规模合作商的基础上，会产生不可估量的合作工作量，不适合目前互联网领域模式下的发展形势。建设权威的电子合同体系，生产可靠的海量合同电子数据，同时结合电子数据保全功能的加入，能够全面形成符合法律要求的电子合同数据记录，和传统纸质合同拥有同样的法律效力。电子数据通过保全和公证形成难以更改并且权威的可信数据，在合同履行中有异常，均可以电子数据内容为依据进行相关的法律申诉流程。用户与企业签订电子合同时，用户可以登录电子合同签约平台，在电子合同签约平台实名认证，此时，实名认证的信息要存入第三方存证机构的区块链中，然后向 CA 机构申请 CA 证书，用户即实名认证成功。用户上传电子合同，这次可以选择将电子合同原文件上链或将电子合同进行一次哈希计算，将其哈希值上链，作为今后处理争议的证据。合同上传完成后，在电子签约平台签署合同，并将双方签名行为存证上链。最后，合同归档，结束电子合同线上签约流程。电子合同全流程存证流程如图 5-28 所示。

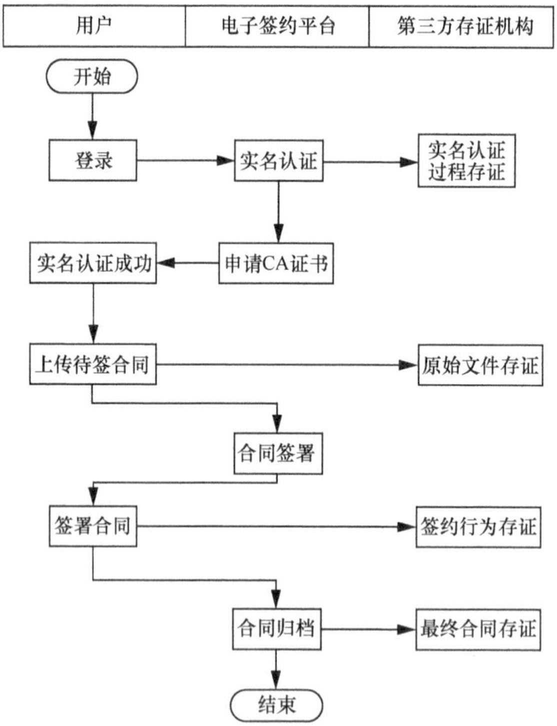

图 5-28　电子合同全流程存证流程

电网公司与供应商的签约数据是电网公司运营的核心数据之一。在实现与众多供应商签约的核心功能中，电子合同需要依赖电子签章、权限控制、防篡改、加密传输等较多核心技术。这些技术不但能够保障签约的安全，而且可以形成可信且难以篡改的电子数据用于后期的追溯和查验。这些关键技术主要包括电子认证、电子签章、密钥算法、数字签名、数字证书和可信时间戳等。

电子认证技术以 PKI 体系为支撑，通过对网络上传输的信息进行加/解密、数字签名和验证，确保网络传递信息的机密性、完整性和不可否认性，确保网络应用的安全。

电子签章技术主要是在电子签名技术基础上的一种可视化升级，通过图像处理等方式将电子签名的操作转化为人们习惯的传统盖章或签名的可视效果，并配合电子签名技术保障电子信息的完整性以及签名人的不可否认性。在电网企业的电子合同中，需要有电子签章技术作为可视化的安全技术方案。

密钥算法主要分为对称密钥算法和非对称密钥算法。在电子签名技术里采用最多的是非对称加密算法，如国密算法 SM2、SM3，同时还会使用哈希算法，如 SHA1、SHA256 等。密钥算法是电子合同的基础，密钥算法的合理使用可以保障电子数据的安全形成和安全存储。

数字签名是可信电子签名技术中使用最广泛的一种，利用非对称加密技术对要传输的信息加密。数字签名在电子合同中的应用原理是：电子合同发送者先对合同原文进行哈希值计算，生成摘要值；发送者通过自己的私钥（Private Key）对摘要值加密，并将加密后的摘要值和原文一起发送给接收者；接收者收到这些信息后，使用同样的哈希算法对原文进行摘要值计算；接收者使用发送者的公钥（Public Key）对添加了数字签名的摘要值解密；对比这两个摘要值，如果相同则表明发送方发送的电子合同没有被篡改。

数字证书是由证书授权机构（Certificate Authority，CA）发行的用于识别互联网用户身份的一种权威性电子文档，绑定了公钥及其持有者的真实身份，人们可以在电子合同的缔约过程中用它证明自己的身份和验证对方的身份。在数字证书颁发的过程中证书认证中心作为权威、公正、可信赖的第三方，其作用是至关重要的。目前我国采取的是“资质许可”的形式确保 CA 机构的权威、公正和可信赖性。电网公司使用的数字证书，可以采用全国权威的 30 多家 CA 机构签发的数字证书，用来标识合约双方的身份，提供电子合同的签章、签名等功能。

可信时间戳主要体现在时间源可信和时间戳证书可信。在我国，唯一的法定时间源来自中国科学院国家授时中心（NTSC），该机构承担着我国标准时间的产生、保持和发播。可信时间戳服务是 NTSC 时间服务的延伸，一个国家只能有一个时间源、一个可信时间戳服务中心，以保证可信时间戳服务的权威性。我国唯一权威、可信时间戳服务机构是联合信任时间戳服务中心（TSA），其作用主要是通过为电子签名提供确实的签署时间保证电子签名的有效性，同时解决数据电文（电子文件）易被伪造、产生时间不确定的问题。

电网公司使用的电子合同体系，必须对接权威的时间戳才符合法律要求，精准的时间戳和电子签名才能准确体现电子合同的真实签约时间，而且时间戳作为签名的内容，也保证这个签约时间无法更改。

电子数据存证对于企业的作用主要体现在以下几方面。加强企业合规性，尤其针对金融类用户，为了符合行业监管法规、符合支付、银行等合作伙伴的合规要求；保护公司利益，在可能的诉讼场景中，可以获取具有法律效力的电子证据；降本增效，电子合同替代纸质合同可以极大地减少各项管理、运营成本，提升合同签署效率；提升用户体验，在线签署替代线下签署符合用户在线化应用趋势，化繁为简。

（2）系统日志

目前企业的行政组织结构、网络结构都比较复杂，拥有数以千计的各类服务和应用在持续运行。在数据大集中的背景下，业务的集中带动数据和应用的集中，行业用户总部数据中心及省级数据中心应用系统越来越庞大，管理复杂度越来越高。尤其是对于安全管理人员来说，需要定期分析各种设备产生的日志。在信息系统应用的实际工作中，面临诸多日志管理问题。

首先是日志采集问题，信息系统中设备种类众多，每天产生大量的日志，且分散在各地网络与信息系统中，如何有效采集这些原始日志数据并集中管理、分析？其次是日志格式转换问题，信息系统由不同的厂商提供，日志格式各异，如何将原始的日志数据格式统一？然后是日志数据深度挖掘问题，信息系统每天产生的大量原始日志数据中，大部分是一些非关键信息，如何对信息进行整理过滤并提取出有价值的事件信息，并以标准的格式汇总？接着是日志集中汇总问题，如何对全国范围的日志数据集中进行汇总分析，从而知晓全网的安全态势，总体把控网络安全事件的发展动态？再是安全决策问题，对于众多的日志信息，除了进行如实的记录汇总外，如何对日志信息进行深入分析、挖掘，并在此基础上建立KPI，辅助决策？最后是满足外部合规问题，如何对海量的日志数据进行有效管理，以利于事后事件分析、审计取证，并满足行业监管的合规要求？

上述多个问题的联合影响，日志的存证存在较大的难度，如果存证方式不当，就会出现保全失去意义的风险。所以，设计完善的日志收集和存证方案非常重要，进而基于存证的电子数据进行保全操作，可以使关键的核心操作、接口调用、服务使用等记录具备严格的法律效力，具备有效追溯的功能，同时难以更改。

建设强大的日志收集系统后，会形成海量的有效日志文件。日志文件用于记录系统操作事件的记录文件或文件集合，操作系统有操作系统日志文件，数据库系统有数据库系统日志文件等。系统管理员可以通过分析和研究日志文件、挖掘统计和字段关联，分析日志中的异常记录，从而发现并找出潜在的安全问题。

攻击事件也会产生对应的日志记录信息，日志记录作为该事件发生的后果，可以作为一次攻击事件产生的必要条件，因此通过目标系统的日志记录可以确定攻击事件是否发生。就像现实世界中罪犯留下的指纹、毛发、弹壳等一样，日志就是网络罪犯留下的犯罪证据。当黑客潜入一个服务器，计算机的日志系统虽然会记录下其所有行为，但有经验的黑客往往能精确发现并改掉这些日志，悄然离去不留下任何蛛丝马迹。那是否存在一个难以篡改的日志系统？区块链技术的出现，就可以较为完美地解决这个问题。

将区块链技术引入日志存证业务是一次较大的创新，创立基于区块链的日志管理系统，对日志进行分时、分级，然后按照一定的格式与区块链对接，就能够合理解决企业海量日志存证面临的诸多问题。

待存管的日志需要经过合理的处理才能进行存管操作，这些处理方式包括分类、定期处理、存储管理等。首先，将系统日志按照功能和重要程度分类，确定什么日志要重点分析、重点管理，什么日志只需要简单备份存储甚至可以放弃。其次，养成定期备份日志、删除旧日志、分析统计日志的习惯。再次，采用专业的网络日志服务器对相关日志进行存储管理，并确保产生的日志数据有足够的硬盘空间存储。最后，确定专门的安全管理人员管理日志，定期备份并分析日志，以及时采取相应措施。但这些举措只为系统日志建立了一道基础的屏障，还无法保证日志完全不被篡改。区块链技术的出现，让这一期待有了实现的可能性。

引入区块链的日志管理系统具备传统日志系统的所有基本功能，但所有的日志操作分布式地记录在区块链上，保证日志数据安全可信、难以篡改，使得对服务器入侵行为的限制、预判、对抗、追踪形成了完整体系，强化了系统日志的安全，更能有效提升日志的事后追溯查证功能，还原了日志的本源作用，提升了服务器系统的安全免疫能力。在存证的日志数据基础上，结合保全操作，能够更有效地提高日志的可信度，为各个应用系统提供更有法律效力的日志数据。企业可以将其业务系统对接到基于区块链的日志管理系统，将所有的日志记录到链上，包括供用户使用的外部系统的交易信息、系统操作信息及供内部员工使用的内部系统。

(3)电子发票

随着科技的不断进步及电子信息技术的不断革新，发票作为日常工作和生活中常见的财务凭据，也在不断革新，尤其是从纸质发票到电子发票的转变，互联网的渗透、电子商务的发展、技术的进步以及国家政策的推动等，都成为电子发票应运而生、发展壮大的驱动因素。

从电子发票全生命周期来看，目前电子发票管理模式只解决了发票生成与交付问题，只满足税务机关对纳税人发票的领用、开具及报送的监管需要，但在流转、使用、数据共享等方面仍存在诸多问题，成为电子发票应用的“绊脚石”。

发票以电子化形式存在，具有重复打印、随意复制的特点，目前对发票使用状态缺乏统一管理手段，使得参与交易各方无法实时掌握发票的使用状态，存在重复使用风险和追溯困难的问题。因此，从对纳税人发票的使用来讲，亟须新的技术解决电子发票应用存在的上述问题。利用区块链技术构建可信的电子发票流转平台，是解决电子发票应用中存在问题的一种有效方法。构建电子发票链，将电子发票数据、流转、状态等信息上链，对进入区块链节点的发票进行作废、冲红全周期监控，对电子发票使用状态信息进行记录和管理，通过实现对这些信息的锁定，做到电子发票数据可信、可验证、可追溯，可以解决现有电了发票可无限复制和重复打印等问题，确保发票信息的真实性和难以篡改性，此外，区块链电子发票具有的全流程完整追溯及可定向共享的特性，可以方便个人用户、企业单位、政府部门等第三方按需介入。同时按照电子发票链约定，在电子发票利用过程中，共同维护一个电子发票账本，统一了电子发票相关标准和服务入口，可以极大方便参与各方对发票的使用，为其提供更加高效的综合服务。企业将购电系统与区块链电子发票系统集成对接，实现“购电即开票，开票即上链”，保证发票数据真实可信，实现电子发票使用、流转、报销、查验、追溯一系列全生命周期管理。

（4）电力积分系统

众多平台都引入积分系统，目的是提高用户活跃度、增加用户黏性、促进用户消费等。但目前针对单家积分系统，存在积分发行滥发、积分滥用、违规刷积分等问题。多家积分系统存在各系统间积分隔离，无法兑换和无法流通，没能真正意义上起到促进用户消费积分、增加用户黏性的作用，导致用户积分被浪费，系统数据量、业务数据量增加，而相应的经济效应没有增加，也没能为平台带来更多的流量。

利用区块链技术构建基于区块链的积分系统。将积分的发行、获取、使用、扣除、销毁等操作智能合约化，利用智能合约实现上述功能。保证积分发行规则统一、积分数据真实可信，防止了积分滥发的现象；积分使用、扣除等操作历史都被记录在链上，历史数据可查、可追溯，防止用户或平台方产生纠纷时无证可循的尴尬处境，保证双方的合法权益。基于区块链的积分系统，还可将其他公司的积分引入进来，形成基于区块链的积分系统生态圈。多家积分系统的积分可在链上自由流转、兑换，真正意义上解决积分数据“孤岛”、积分使用率低的问题，增加用户黏性，提高用户活跃度。

5.3.5 建设成效

电子证据的出现给司法证明体系带来了巨大改变，随着证据多样化，人们在享受信息化带来的便利的同时，也面临着新技术带来的巨大挑战。

随着区块链的推广普及，越来越多的垂直行业从业方认识到区块链的价值并开始探索、应用到自身业务中。电子证据的发展适应了信息化大潮，对于提升司法效率、降低司法成本有重要意义，区块链技术对于提升电子数据认定效率有实用价值。

区块链技术为电子数据存证提供了结构化的采集过程，其难以篡改、难以抵赖等优势，使电子数据的认定过程变得非常简便，解决了电子证据在司法实践中易丢失、难认定的痛点，加快了电子证据的认定速度，因此得到了法院和社会各界越来越多的重视，很多有实力的厂商也纷纷在此领域进行尝试。信息时代应强调电子证据的独特性质与内涵，改变对于电子证据不会用、不敢用、不能用的尴尬，从根本上推动电子证据制度的重构，真正让司法活动这一传统的社会化行为匹配人类进入信息化时代后的司法需求，让司法存证快速跨入信息化的时代。

电子数据保全是数据电子化之后非常核心的应用场景，通过密码学技术的支持，最终实现电子数据的安全保存和取证，在司法领域有着非常重要的应用。传统的电子数据保全方案在较长时间里都发挥了巨大的作用，然而也暴露出一些问题，用传统方法无法或者较难解决。通过较长时间的研究，将区块链技术引入电子数据保全系统中，使得区块链最核心的去中心化、公开透明、可追溯、难以更改等优势在电子数据保全中得到充分的应用，解决了诸多传统电子数据保全遇到的问题。经过方案的推敲和系统的开发，电子数据保全的应用在区块链上运转起来，可以满足电子合同、电子证据等电子数据的公证、司法取证、安全存储、可追溯等重要应用场景需求，达到了研究的核心目的。

5.4 能源交易解决方案

5.4.1 业务现状

为充分利用现有资源，探索用户及企业参与电力市场的先进模式，国家电网有限公司率先开展分布式发电市场化交易业务试点应用，利用区块链技术透明、公平、去中心化的特点，构建数据可信、安全可靠的分布式电力交易系统，探索智能合约技术应用，研究电力能源交易模式创新机制，推动基于区块链的市场信息与数据共享，提高资源统一调配与统筹效率，为大规模开展分布式能源交易提供新的方法与解决思路。

国家电网有限公司基于区块链相关技术，完成双边交易线下到线上协商方式的转变，利用智能合约实现市场成员管理、交易公告管理、合约管理及市场监管，提高双边交易主体的可信度，有效保护市场成员量价隐私，保证交易合约的权威性，有效提高电力交易双边协商效率、降低交易成本[3]。

电力交易的 3 种传统模式为集中撮合、挂牌电力交易和双边交易。受限于费用、资质和信息匹配度，我国电力交易模式统一采用“单一”售电方式。而随着区块链技术的引入，除了常规交易场景（双边零售交易、大用户直接交易以及微电网交易）外，又产生了以电动汽车作为电能载体，实现电力资源“削峰填谷”的交易模式；此外还有绿证或碳税交易、发电权交易、电力需求侧管理、电力金融交易和电力智能设备、资产管理等新兴模式。

5.4.2 业务痛点

现代社会，随着科学技术的飞速发展，以分布式存储技术为依托的区块链技术能有效确保交易信息的完整性、准确性和难以篡改性。在能源互联网的框架下，基于区块链的能源交易架构，构建一个自由的分布式交易市场，是对去中心化能源交易模式的一次大胆尝试。然而，除去区块链的技术缺陷以及智能合约本身的一些问题，目前仍然存在以下需要解决的问题。

基于区块链技术的能源交易模式，必然涉及能源交易和电力辅助服务交易的市场化问题，而我国的能源体制改革进展缓慢，需要更多的缓冲期。其次，分布式能源的大规模接入对电网会产生较大的影响，因此需要分布式电力辅助服务进展平稳，而当前我国开发分布式新能源的力度仍不够，入网率也比较低，且针对分布式电力辅助服务的相关研究较少，缺乏足够的理论和实践依据。

当前，我国能源交易仍由国有企业管理和经营，而基于区块链的分布式能源交易系统允许私人用户直接进行以电力为主的能源交易，不符合我国的国情，因此还需要政府深入讨论可行的实施办法，并颁布一系列的改革措施。

区块链与智能合约的结合在一定程度上保证了能源交易的安全性，但能源需要经过物理网络从一端传输到另一端，如电力通过电网传输、天然气经过管道传送等。在此过程中仍然存在一系列的人为操作，如何进行信息的精确采集和上传，保证人为操作过程中能源交易的可靠性还需要深入探讨。

基于区块链的能源交易平台一旦进行实际的市场运作，分布式市场交易模式将极大增加系统调度的复杂性，同时能源系统将时刻进行大量的能源交易，而能源随着交易的达成经传输网流通，对物理和信息通信传输网络的传输能力、稳定能力和抗压能力提出了很高的要求。

总体而言，在安全校核的基础上利用智能合约实现电力交易，达到降低交易成本、提高交易效率的目的，是重点攻关方向之一。同时，如何确保智能合约的安全性，预防攻击，避免智能合约运行失败而导致局部电网的崩溃也是关键的问题。

5.4.3　解决方案

交易双方基于区块链技术进行需求的发布，实现接入终端更具适配多样业务等能力。交易双方通过区块链智能合约技术实现交易的精准匹配与高效达成，完成交易双方需求的精准撮合。完成撮合后的双方进行合同签署，同时将合同数据进行上链存储，利用区块链防篡改的特性保障合同信息的真实性。计量数据上链存储提供计量数据从采集端到消费端全生命周期的可信安全环境，通过基于区块链的智能合约技术完成交易的快速结算。

区块链不是一种新兴技术，是点对点通信、数字加密、分布式账本、多方协同共识算法等多技术融合下的新技术。区块链技术能有效改善分布式电力交易业务中面临的痛点问题。解决交易双方信息孤闭问题，区块链作为由所有节点共同维护的分布式共享账本，能够保证各分布式节点获取的信息完全一致。在实际业务中，可将交易双方的需求信息上链存储、共享，实现链上各主体需求的发布，解决原有主体间信息孤闭的问题，能够大概率地促进交易的发生。解决线下协商成本高的问题，传统的双边协商交易需要由用电企业与发电企业根据交易平台提供的信息，线下自主协商匹配。这种方式造成交易双方间存在大量资源浪费问题。利用区块链的智能合约技术结合交易主体发布的需求实现双方的精准撮合，能够减少线下沟通带来的高成本问题，并能够提升交易成功概率。交易双方经过撮合后，需要签订明确的合约以约束双方行为规则。合约的管理对于交易双方都是至关重要的，实际业务中可通过在区块链系统中集成数字签章和数字加密技术，完成交易双方的线上合同签署工作，形成电子化的合同存证；将合同摘要在区块链上存储，利用多节点实现合同的多次备份，保障合同的准确性和可靠性；实现合同信息的高效安全，大大提升交易处理效率，降低双方合同管理成本，促进交易的快速达成，提升其满意度。区块链中的智能合约是一段可自动化执行的代码，能够在满足执行条件时，自动触发执行。实际业务处理中，可生成交易合约的智能合约技术，利用智能合约技术完成对交易双方的行为规范，利用机器的高可靠性尽可能规避人为因素的干扰，极大提高交易双方的信任度，降低交易风险，保证整个交易生命周期的顺利可靠完成。切实解决交易中存在的“信任缺失、风险高”等难题，保障整个交易过程的高效安全性，以促进整个电力交易市场的高效平稳运行。

分布式电力交易主要是双边协商交易，指的是用电企业与发电企业根据交易平台提供的信息自行协商匹配，经安全校核和交易中心确认后，由购电、售电、输电各方签订年度交易合同的直购电交易。分布式电力交易业务流程如图

5-29 所示。联合各市场参与主体（发电企业、售电企业、用电企业及零售公司）构建基于区块链的中长期双边交易平台，将量价协商信息加密存储在交易主体的节点上，将市场主体、量价信息、交易合约上链存储，有效保护交易双方隐私信息，保证交易合约的权威性。

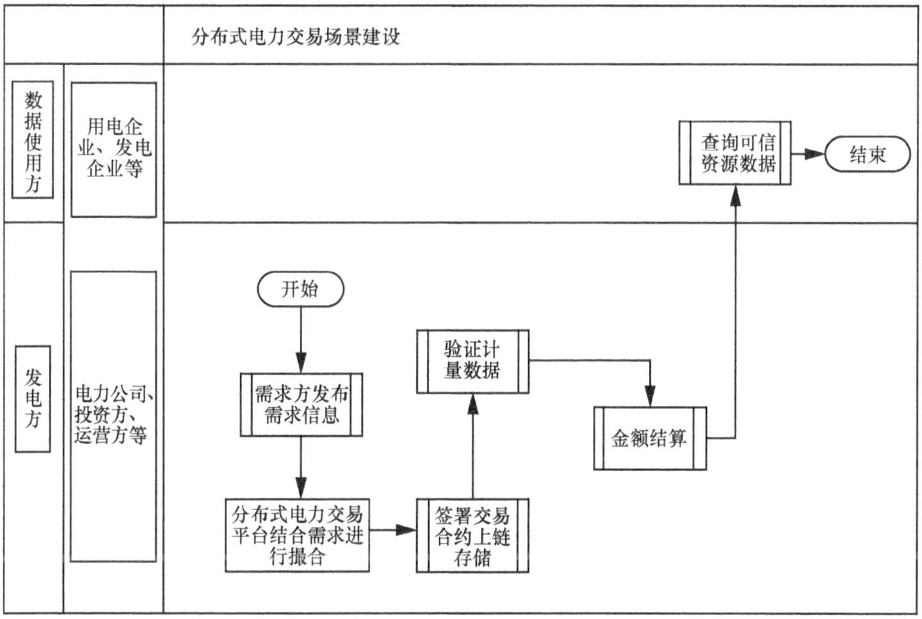

图 5-29　分布式电力交易业务流程

5.4.4　应用场景

随着新一轮电力体制改革的有序推进，开放售电侧市场，允许分布式电源等多主体参与市场竞争已成为我国电力市场发展的趋势。在分布式电源技术日益成熟、渗透率不断提高、售电侧市场逐渐放开的形势下，配电网中将有大量独立决策的电能产消者（Prosumer）参与电力市场竞争。在这一新环境中，配网内风、光、储及互动负荷等资源的优化配置必然需要更加灵活的内部交易机制。如何设计有效的配网交易机制，实现能源资源的有效配置，是市场化改革的重点问题之一。

为保证配网的安全、高效运行，可以在配网交易中引入去中心化思想。将配网运行分为日前发用电计划确定及实时多边交易两个阶段。日前阶段确定各产消者的发用电计划；在实时阶段，当产消者发电（用电）计划与实际出力（负荷）出现偏差时，产消者可以采用去中心化的多边交易对偏差电量进行交易调整。

在分布式电源渗透率较高的配网系统中，各产消者的供给与需求具有很强的随机性和波动性，因此需要灵活的机制以维持供求关系的实时平衡。如图 5-30 所示为一个去中心化配网架构设计，全部产消者在日前确定发用电计划并参与上级电力市场交易，产消者间的偏差电量多边交易则通过点对点、去中心化的交易完成，未能通过多边交易消除的偏差电量则由备用机组负责消除。

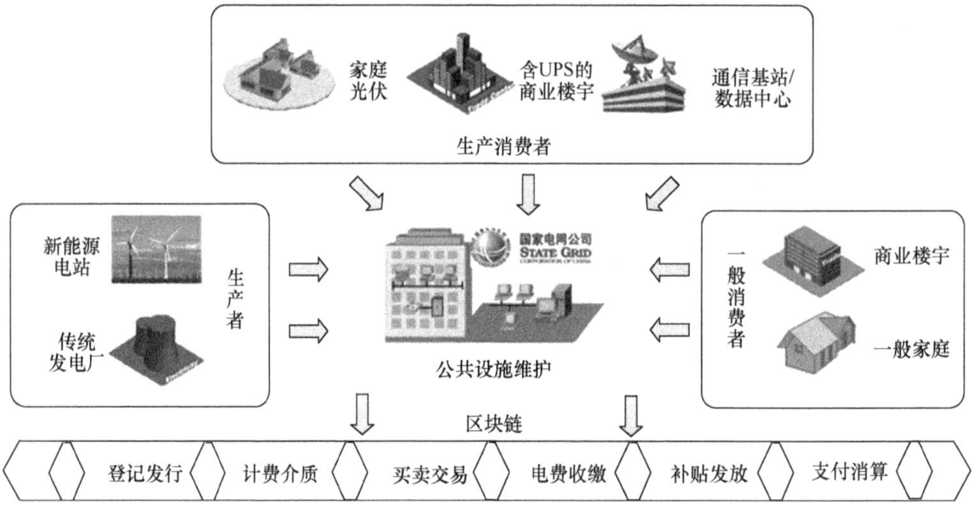

图 5-30　一个去中心化配网架构设计

在某一笔多边交易中，某些产消者需要发起买/卖偏差电量交易请求，以消除其实际发用电与计划值的偏差（这类产消者简称发布者）。若所有发布者的总需求表现为需要净买入电量，则有发用电调整能力（即愿意改变发用电计划）的产消者（这类产消者简称投标者）可以提交提高出力（或降低负荷）的报价，响应发布者的请求，反之亦然。

在电力交易市场上，区块链作为一项底层技术，可以支持电力交易过程中的多个环节，在电力交易计费介质、电力登记发行、电力买卖交易、电费收缴与补贴发放和电力支付清算场景下有显著成效。

区块链系统中的核心部件是交易介质。同样，为了促进电力交易区块链多元交易体系中的交易及其他业务，设定了一种交易介质，用于在区块链多元交易体系中转移价值、记录交易等各种业务行为。采用交易介质记录电力交易和消费情况，可以有效缓解电力支付的清算、结算压力。电力的价值流转都利用区块链多元交易系统实现，并不与各大银行实时对接实现实时的清算、结算。

电力登记发行表示未来某个时间发电厂将能够生产多少电量。由于电能生产和使用是实时的，因此电力的登记发行实际是一个期货登记发行过程。在区块链的多元交易体系中，将电力虚拟化为一种数字资产，并将该资产登记发行到区块链上，用户就像购买实际商品一样购买电力，以备未来一段时间内使用。

电力生产商将电能发行到区块链上即可进行交易，用户（个人或者企业）可以通过电力交易平台或者线下点对点的方式进行电力买卖交易。交易信息包含了买家、卖家以及电价的信息，这些信息都记录在区块链上，因此，不会出现购电不成功的情况，也不会出现电力交易被否认的情况。

电费收缴是传统电力系统的重要工作之一，基于区块链的多元交易体系可以较为轻松地实现电费收缴的任务。在实际使用电能的时候，就可以实时完成电费的收缴工作。电费的收缴可以采用区块链智能合约，将每一个交易的输入分别输出到不同的对象中，如发电厂和输配电网。同时，为了鼓励环保电力能源的生产和消费，对于政府出台的补贴政策需要精准及时发放到电能生产者和消费者手中，基于区块链的电力交易介质就是一种很好的解决办法。由于交易介质具有明确的记账功能，能够清楚地记录交易行为，明确分辨出哪些电能是环保的能源，因此就可以精准地利用交易措施将补贴发放到受益者手中，省去了中间繁杂的手续流程。

建设基于区块链的分布式电力交易平台能有效提高电力交易效率，保障电力数据的安全性、透明性和追溯性，为电力交易双方提供更加经济、公平和透明的安全可信服务媒介。自主研发平台改变了现有依赖第三方产品的现状，在降低成本和风险的同时，大幅提升业务效率，有效提升相关参与方的管控能力与运营效率，为企业带来巨大的潜在经济价值。

5.4.5 建设成效

未来能源互联网将覆盖海量用户，用户既是生产者也是消费者，即所谓的“产消者”。同时，能源交易将会呈现主体多元化、商品多样化、决策分散化、信息透明化、时间即时化、管理市场化和约束层次化的特点。此外，能源互联网在传统能源网的基础上引入了互联网理念，将使得能源系统的面貌焕然一新，具有开放互联、以用户为中心和分布式对等共享等新内涵。再结合里夫金提出的能源互联网应当包含的五大主要内涵，我们有理由相信分布式能源的大规模接入和居民用户的广泛参与将会强力重塑原有的能源市场。

5.5 目录链解决方案

5.5.1 业务现状

近年来国内开始重视数据溯源的研究，主要涉及溯源技术综述、溯源表达、溯源模型分析等，其中对于数据模型的研究和分析较多，除此之外，国内学者尝试修改、完善已有模型或者提出新的溯源模型，如针对 OPM 模型的安全性改进、基于 DNA 双螺旋结构的数据溯源模型等[4]。但国内开展溯源管理的研究实践相对较少，尤其是跨系统间的溯源管理，大多是针对系统数据库和工作流的数据溯源研究。

为深入贯彻落实国家和公司战略，加强区块链研究应用和成果转化，推进企业科技创新与产业升级，大型企业的数据中心借助自身数据汇聚优势，积极开展区块链在数据资产管理中的研究与应用，利用区块链自身分布式可信共享、难以篡改的特性，解决企业间数据共享中存在的共享难和保护难等业务痛点，提供数据源头的权属认定、数据使用的授权验证、数据管理的调用溯源、数据外发的隐私保护、数据共享的可信计量等服务，支撑数据增值变现，助力国家数字经济建设，助力国家治理体系和治理能力现代化建设，助力“新基建”中新技术基础设施的建设[5]。

5.5.2　业务痛点

在能源电力行业，目前对北京、河南等 11 家网省业务现状需求进行调研，结果表明，电力大数据应用普遍存在共享难、变现难、保护难及合作难等痛点，算法模型构建复杂，挖掘分析工具欠缺，导致电力大数据价值尚未有效挖掘，难以支撑新兴业务的快速发展，具体表现为以下几点。

（1）数据共享标准缺乏，企业数据量大但缺乏统一的评测和数据共享服务标准，导致电网数据很难对外提供有效支撑。

（2）系统壁垒凸显，各单位机构、各业务系统存在架构差异问题造成系统业务壁垒，目前，尚未实现系统间的数据流转，与“一次采集录入、共享共用”的目标存在较大差距。

（3）数据实时共享困难，数据在提高电网安全运行水平、效率效益和工作质量等方面价值发挥不充分，未取得应有效果。

（4）数据价值不足，企业数据尚未形成规模化、体系化态势，企业对外开放共享合作不充分，造成产业链带动作用不明显，数据价值开发能力不足，数据价值难以有效发挥。

5.5.3 解决方案

利用区块链技术解决电网数据资产管理中存在的确权难、共享难等问题，通过顶层设计、小范围内部试点数据上链共享、内外部多方数据上链共享、全面推广链上生态和服务等阶段逐步迭代深化，初步建成基于区块链的电网数据可信共享交换体系和环境，促进数据共享良性循环[6]。在不断完善上链目录的情况下，将创新实验能力开放平台的样本数据、面向社会的电力能源数据、公开的能源政务数据和其他能源企业开放数据等优质数据目录索引上链，打造数据超市，为内/外部机构提供数据可信共享服务，促进企业数据和社会数据对接融合，激活电网数据价值，实现公司数据增值变现。

目录链通过存储数据资源目录信息、明确数据共享规则、记录数据操作行为，以数据探针实现数据实时可知、以业务流程合约化实现数据引用的自动执行、以数据沙箱实现数据共享时的安全可控，最终实现数据操作记录全程可追溯。

大数据中心根据中台的电网数据目录，选取部分目录和业务系统信息上链，将各部门与其对应的上链数据进行链上权属绑定；大数据中心链上发布电网数据共享的授权信息；链上各业务部门对上链的目录进行正确性、合法性以及共享业务规则流程的验证，共同维护链上目录信息；根据智能合约中固化的业务流程、权限控制、考核审计等进行合约自动化运维，保证链上目录数据的一致性与时效性。数据资源目录链业务流程如图 5-31 所示。

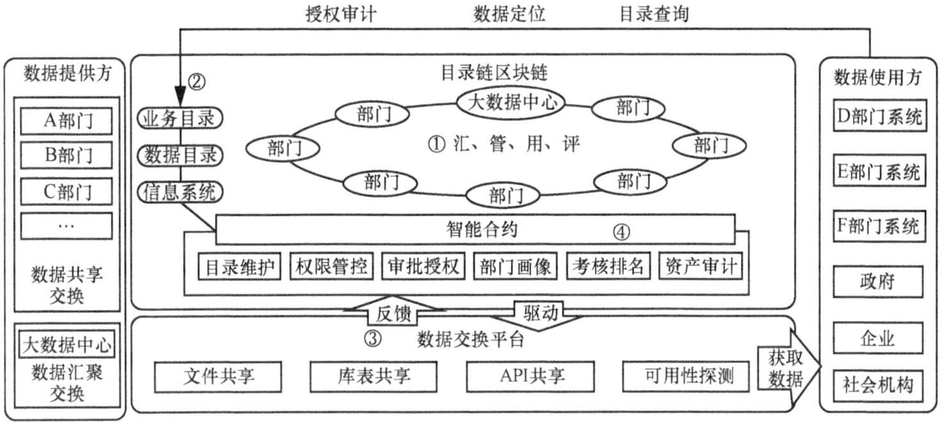

图 5-31 数据资源目录链业务流程

应用区块链开展企业数据资产管理需要自上而下进行全面多维度的体系架构设计，如图 5-32 所示，推进国网链—数据侧链和数据中台的协同建设，利用区块链技术链上数据难以篡改、全流程数据可溯源的特点，实现企业数据的确权存证、隐私保护、共享溯源等，将各部门业务系统的数据资源目录高效协同地连接，促进技术和管理机制的融合，提升公司数据可信度，扩大数据共享范围，降低跨系统数据交互成本，创新数据资产运营模式，服务公司运营决策和业务发展，支撑企业数字化转型，促使电力企业更好地履行服务社会的责任。

电网数据资源目录链是电网数据可信共享服务体系的入口，基于区块链提供数据资源的自动定位、智能授权、公开透明、安全共享等核心能力，对内实现业务部门之间数据横向协同，总部—省市两级数据纵向贯通，对外面向能源、政务、金融提供可信数据服务，助力电网数据开放共享和价值释放。

数据中台是数据资源汇聚中心、数据资产转化中心、数据价值发掘中心，服务于内、外部用户。

数据资源目录系统提供数据资源便捷高效的检索、定位、获取、共享和应用，通过常态更新模式与众智更新机制实现对源系统、贴源层、共享层及分析层数据目录的运营。

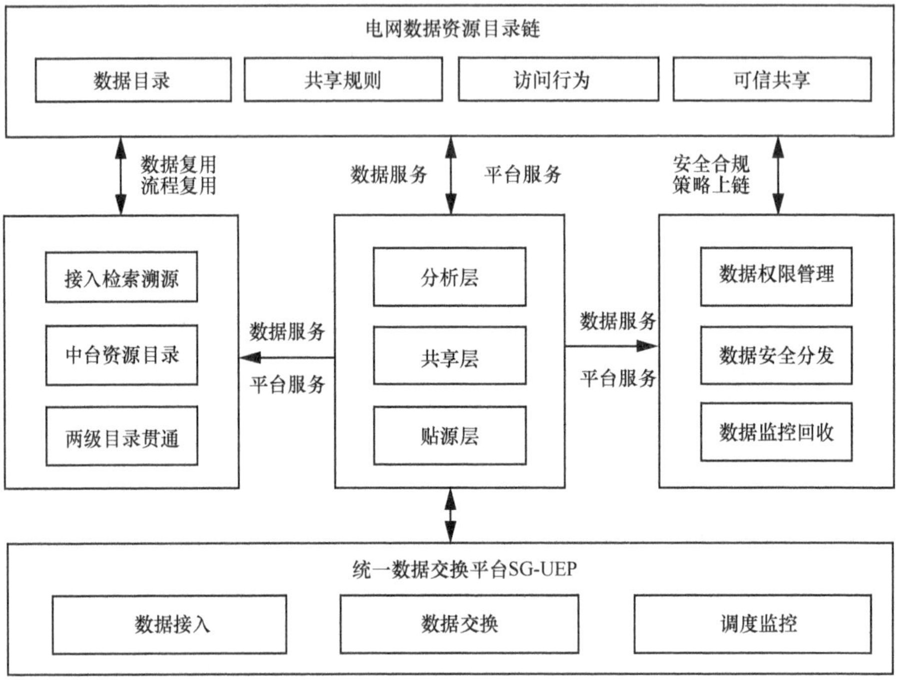

图 5-32　平台集成架构

安全合规管控平台对数据申请、分发、使用和回收等数据流转操作与记录进行全环节的安全合规管控。

统一数据交换平台提供电网业务数据统一接入、交换和调度监控服务。

基于思极链和数据中台实现业务、目录、数据强关联强管控设计，形成电网数据资源目录区块链，为数据“汇聚共享”提供支撑，按照项目建设集约化、体系化、可扩展化的原则，同时按照公司数字化转型以及国网信息系统整合共享工作要求，通过数据资源目录区块链对电网数据进行协作管控，目录区块链业务架构如图 5-33 所示。

国网云：平台以阿里云和华为云构成的国网云为数据存储平台，国网云上存储着各部门、各省公司的业务系统数据。

接口上链服务：通过国网链—数据侧链上链接口与智能合约的驱动，将底层数据目录通过校验对比后，进行上链存证。

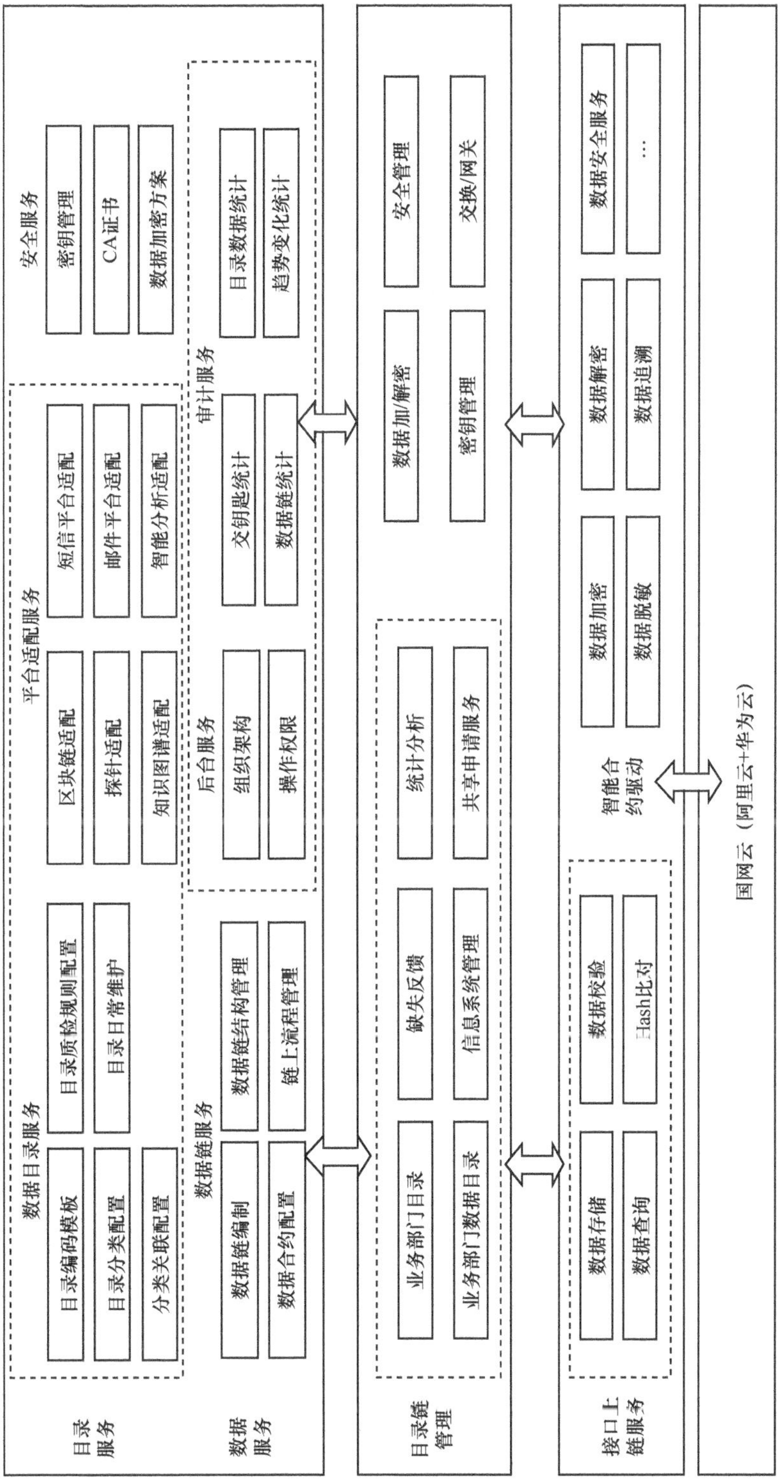

图 5-33　目录区块链业务架构

目录链管理：数据资源目录区块链主要是对各部门的数据目录进行加密安全存储、统计分析以及缺失反馈等管理，同时提供数据目录共享的申请、访问管理。

数据服务：数据服务主要包含数据链服务、后台服务和审计服务。数据链服务主要提供数据链编制、结构管理、数据合约配置以及链上流程管理；后台服务和审计服务主要进行组织架构、操作权限和相关信息统计管理，保证数据与部门业务相对应。

目录服务：国网大数据中心可通过配置数据目录编码、分类、分类关联、质量规则、业务目录、数据目录等功能，为内、外部用户提供数据目录服务；同时，提供区块链平台、知识图谱等多平台的配置管理功能，方便后续对接其他系统。

安全服务：为上链数据提供数据安全能力。国网大数据中心可使用安全服务，对上链数据进行隐私数据脱敏、加/解密配置，满足数据上链时认证、加密需求；根据数据加密要求的不同，提供不同加密认证服务。同时也可与第三方脱敏、加密、证书系统适配。

5.5.4 应用场景

面向能源大数据中心建设，电网企业可联合政府相关机构、供水集团、石油集团、煤炭集团、发电集团以及其他能源企业等外部机构共同构建能源大数据目录区块链，通过建立目录上链标准，将面向社会的电力能源数据、公开的能源政务数据和其他能源企业开放的数据等优质能源大数据目录索引上链，实现煤、热、水、电、气等多方能源数据的“联邦集成”，打造“能源大数据超市”，提供可信的能源大数据共享和交易服务，促进能源数据和社会数据对接融合。

基于目录区块链构建数据区块链，促进数据中台和区块链融合，通过业务数据进行逻辑化的分域管理，不改变物理存储方式，实现数据安全共享和管理；通过数据区块链区分链上不同的共识联盟，实现区块链上不同业务间的跨链交互。部门间横向协同应用方式如图 5-34 所示。

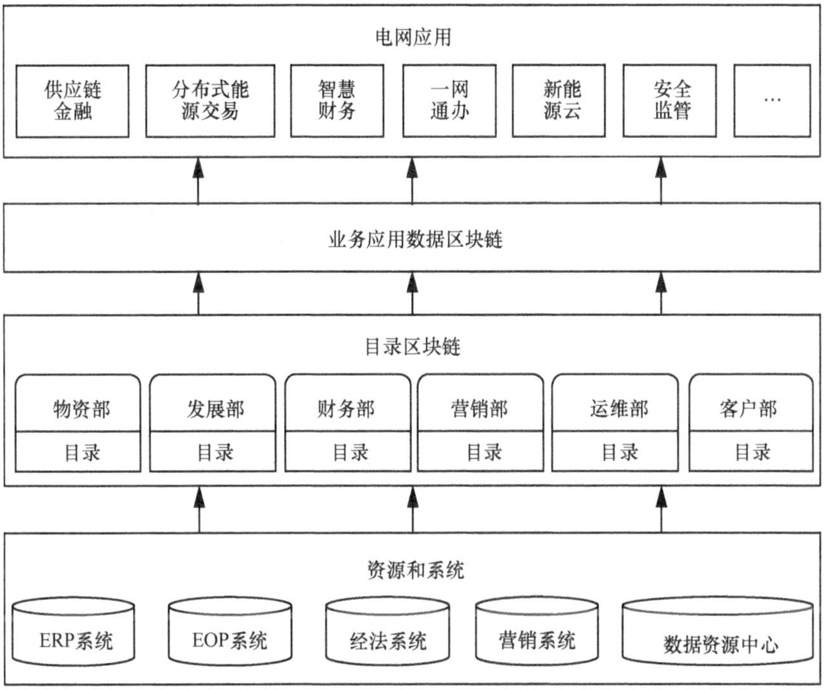

图 5-34 部门间横向协同应用方式

通过目录区块链系统实现总部和省公司跨域数据共享管理。目录区块链按照“一主两侧+*N* 从”部署：“一主链两侧链”部署在总部三中心，服务总部一级部署系统；“*N* 从链”部署在省公司，服务省公司二级部署系统。总部—省侧纵向贯通应用如图 5-35 所示。

在总部和省公司进行数据交换时，省公司首先通过目录区块链进行目录检索，当发现需求数据时，通过目录区块链上配置的智能合约，自动执行数据审批授权业务流程，总部经过验证授权后，通过链下的数据交换平台进行源数据的可信交互。

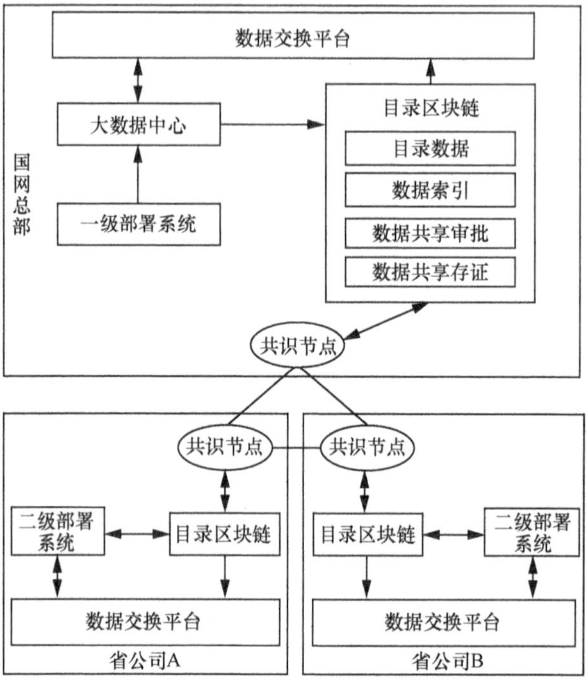

图 5-35　总部—省侧纵向贯通应用

5.5.5　建设成效

构建电网数据资源目录区块链，将数据目录、共享规则和操作行为上链，打造电网数据可信共享服务体系和统一入口，提供数据自动定位、智能授权、安全共享、公开透明等核心能力，对内实现业务部门之间数据横向协同，总部—省市两级数据纵向贯通，对外面向能源、政务、金融提供可信数据服务，助力电网数据开放共享和价值释放。

目录区块链的建设为电网数据资产管理提供在“汇、管、用、评”4 个维度的业务能力提升，如图 5-36 所示。

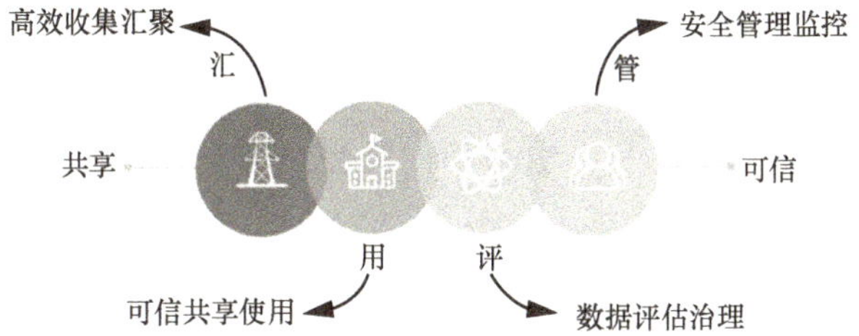

图 5-36 目录区块链建设成效

汇，即高效收集汇聚，对内提供统一数据交换通道，实现各部门间数据的可靠高效收集汇聚，并通过数据资源目录定位数据，实现“数据可见”。

管，即安全管理监控，通过区块链技术实现数据的所有权、执行权、使用权三权分治，破解部门间因数据共享带来的信息泄露、安全失控等难题，并通过智能合约进行分级授权审批，实现“数据可得”。

用，即可信共享使用，通过数据交换平台和数据沙箱进行跨层级、跨地域、跨系统、跨部门、跨业务的数据共享交换和业务协同，实现“数据可用”。

评，即数据评估治理，提供有效的数据质量评估手段，以评促改、促用，进一步提升数据治理能力，实现“数据可信”。

基于目录区块链的电网数据可信共享服务主要使数据共享安全、数据共享便捷、数据共享透明、数据管理简单、数据提供价值、数据应用智能。具体价值体现为以下几点。

（1）增强数据共享过程的监管力度。本方案从数据共享过程的事前、事中和事后全面监督、可视化展示等角度增强监管力度。

（2）提升国家电网大数据服务能力。以区块链、云计算、物联网以及大数据技术作为大数据治理必要的技术支撑，可提升公司大数据服务能力。

（3）解决国家电网大数据管理需求。国家电网大数据管理主要有协作需求、安全需求、数据质量需求和责任落实需求 4 个方面的需求，本方案可满足公司大数据管理需求。

（4）保护数据隐私，提高部门参与度。本方案将核心数据上链，保证数据安全，基于区块链的奖励机制，引导部门参与共享平台的数据更新，可提高数据的时效性和准确性。

（5）简化国家电网数据共享流程。本方案充分利用区块链的自主协同机制，实现多部门的有效协同和合作，进一步优化电网数据共享流程，有效提升公司数据共享服务能力。

基于目录区块链的电网数据可信共享服务，有以下成效。

（1）实现电网数据“可见、可得、可信、可用”。构建电网数据资源目录区块链，将数据目录、共享规则和操作行为等上链，实现数据定位、智能授权、安全共享、质量评估等，可破解“找数难、用数难”问题，实现数据“可见、可得、可信、可用”，打造电网数据可信共享服务体系，提升电网数据现代化治理能力。

（2）实现电网数据对内数据贯通，对外开放共享。通过提供数据源头的登记确权、数据使用的授权验证、数据管理的调用溯源、数据共享的可信计量等服务，促进电网数据的开放共享、安全合规，实现电网数据资产的高效管理和价值运营。对内实现业务部门之间数据横向协同、“总部—省公司”两级数据纵向贯通，对外面向能源、政务、金融提供可信数据服务，助力电网数据开放共享和价值释放。

5.6 停电险解决方案

5.6.1 业务现状

全社会对电网公司供电服务水平提出更高要求。随着经济建设步伐的加快，政府及电力用户高度重视供电服务水平，并对电力优化营商环境提出更高要求，政府部署出台了一系列有针对性的政策措施，以增强中小企业发展信心和竞争力，国务院2019年8月出台文件要求能源局及各地区研究建立针对供电企业停电超过一定频次和时间的处罚机制。电网公司需要坚持以用户服务为中心的理念，全面提高服务的能力和水平，持续为用户创造价值，使人民获得感、幸福感更加充实、更有保障，更好服务经济社会高质量发展。当前因故障停电对用户造成的经济损失无论是补偿渠道还是补偿程度都比较有限，这导致了针对故障停电的投诉占据了用户投诉中较大的比例，不仅损害了电网企业在用户心中的形象，且在处理投诉工作中也消耗了大量的人力和物力资源。因此，电力故障停电险业务无论对于电力用户、供电企业、金融机构还是地方政府都存在着巨大需求。

（1）电力用户

寻求故障停电损失补偿的需求迫切。电网运行过程中故障停电现象客观存在，对用户带来的损失补偿渠道、程度均有限。故障停电对用户造成产值下降、劳务浪费、设备损坏等损失。浙江某市共有高压用电用户6万，低压非居民用电用户59万，居民用电用户231万，其中高压用电用户每年因故障停电造成的直接经济损失超5000万元。经调研核心城区、郊区、农村区域3类用户各200户，共计1800户，高压用户、低压非居民用户、居民用户投保意愿分别为58%、28%、19%。而全国有近500万高压用户，4亿电力用户，市场庞大，群体稳定。

（2）供电企业

缓解停电衍生的服务压力需求迫切。当前，故障停电的用户服务工作占用电网公司较多服务资源。某县公司近一年因停电引发投诉107件，占投诉总量30.5%，故障报修后二次致电95598咨询6585通，占总咨询量21.7%，因处理上述用户诉求投入的人力、物力等服务资源较大。售电侧市场开放形势下寻找新业务拓展需求迫切。随着经营性电力用户发/用电计划放开，公司存在被管道化的风险，亟须发展新兴业务，构建一个可信的电力金融生态圈，开发更多的电力金融产品。

（3）金融机构

提质增效及业务拓展方面需求迫切。金融市场竞争激烈，保险行业需在寻求新业务增长点、压减运营成本两方面寻求突破。目前市场上包含停电损失保险的仅有“三停”损失保险，且仅指用户设备损坏赔偿，因覆盖面窄，理赔手续复杂导致市场渗透率低、保险运营成本高。

（4）地方政府

优化营商环境，助推经济发展需求迫切。中美贸易摩擦频发，地方经济增长趋于放缓，各地方政府亟须通过政策倾斜、能源保障等方式优化营商环境，提高投资吸引力，供电能力及供电服务为重要的基础性保障因素。

5.6.2 业务痛点

基于区块链技术的停电险是一种全新的产融结合的电力金融产品。面向全体电力用户，其依靠的区块链技术，可支持投保电力用户停电自动快速理赔、保险公司新业务拓展、供电企业服务升级、用户损失降低等多方共赢的商业模式，是构建互联网金融生态圈的重要尝试，对区块链技术在电力行业的应用具备示范样本意义。基于区块链技术的停电险可以解决目前诸多问题。

（1）破解平台信任问题

区块链技术具备分布式存储、难以篡改等特征，将平台服务器部署在保险公司、电网企业、监管部门三方，解决了保险公司、用电用户对业务应用所涉及电力数据信任度不高的问题。分散化管理无须中心服务器，规避昂贵的运维费用，降低成本，同时避免中心化服务器受到攻击数据难以恢复的安全问题。

（2）破解电网企业数据安全问题

区块链技术有效整合了多项数据安全技术。其中，访问权限限制、数据存储及传输加密、上链数据匿名处理 3 项技术应用到本产品中，保障了电网企业的数据安全。

（3）破解用户的数据安全问题

用户个人数据，包括用电数据、个人金融数据加密存储在区块链上，用户必须将私钥授权给智能合约和公共机构才能查看，解决了用户数据被盗取滥用的问题。

（4）破解理赔低效问题

区块链技术具备智能合约自动触发的特征。本产品将保险合同设置为代码形式，免去理赔申请与现场查勘环节，解决了保险理赔程序烦琐、运营成本大的问题，可实现快速实时理赔。

5.6.3 解决方案

通过搭建供电企业、用户、保险公司、监管部门多方参与的区块链平台，区块链停电险分布式节点如图 5-37 所示，首创了故障停电险种以及自动理赔的保险模式，并首次将区块链技术与电力行业应用、保险行业相结合，实现了供电企业服务升级、保险公司新业务拓展、用户损失降低等多方共赢。

区块链停电保险业务应用系统使用区块链平台提供的基础服务，根据业务需求构建业务服务层，包括通用服务、账户服务、智能合约服务、数据服务等模块，并在业务服务层基础上构建面向用户的管理后台模块和用户端模块。管理后台包括用户管理、订单管理、财务统计、故障管理、赔付管理、业务报表和系统配置等功能。用户端 App 包括用户登录、用户中心、购买停电保障服务、申请赔付等功能。区块链停电险业务架构如图 5-38 所示。

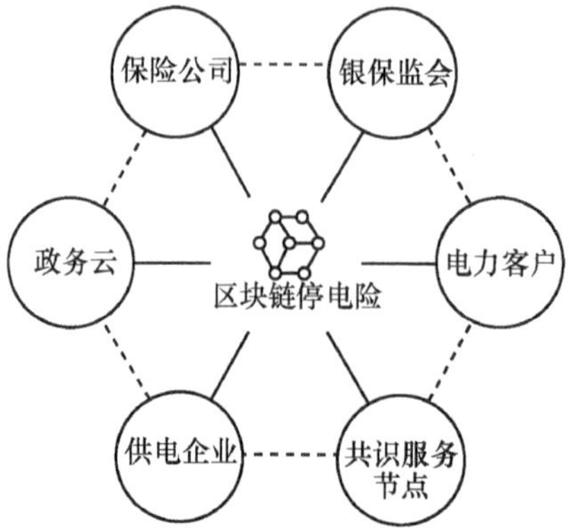

图 5-37　区块链停电险分布式节点

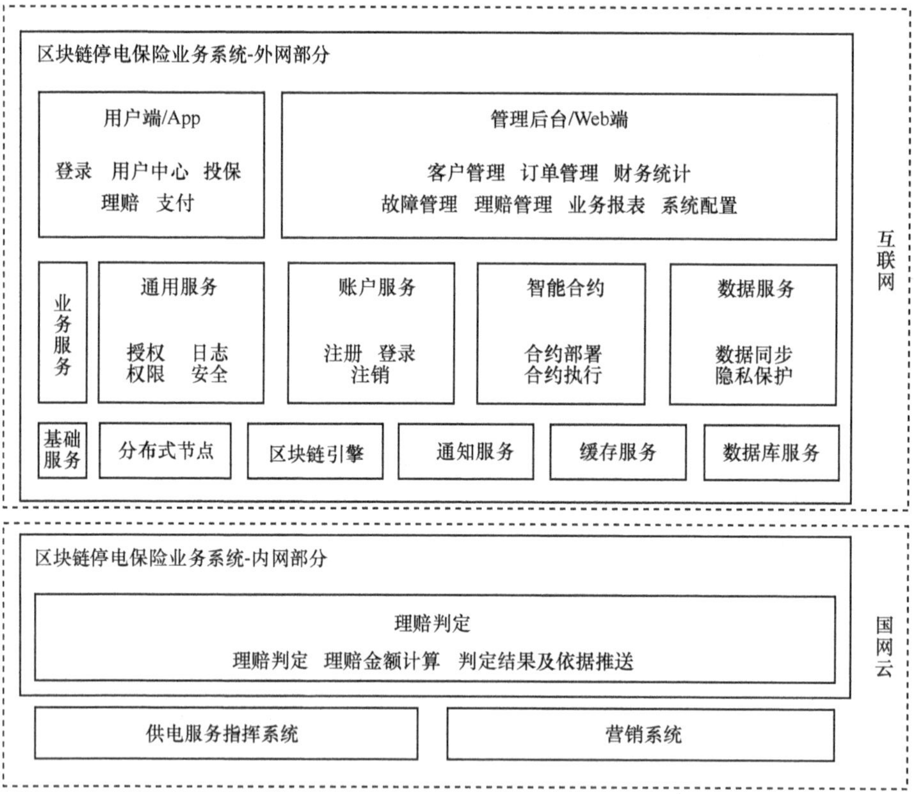

图 5-38　区块链停电险业务架构

（1）保险交易管理服务

产品管理，海量的电力用户存在多种多样的停电保险诉求，不同的诉求对应保险不同的赔付方案。产品管理模块中，将相应的诉求分门别类，形成不同的保险模块，生成智能合约存储在链上。

订单管理，用户和保险公司产生的订单以智能合约的形式存储在链上后，保险公司可以根据合约凭证编号，从链上查询出用户在本公司购买保险产品的详细情况。

统计管理，系统中的所有订单数据、历史判断数据将根据不同数据类型按照时间存储在链上，系统的数据历史、数据流转可追溯。针对停电数据统计、理赔率统计，系统根据字段抽取停电时间、停电原因等数据，对应到理赔交易数据中的理赔数据，判定用户理赔率。

（2）保险合约管理服务

保险合约创建，用户根据自己实际情况，结合平台上产品管理模块中的合约模板，创建自己的保险合约。

保险合约发布，用户将生成的智能合约发布并存储到区块链链上，用户可以得到一个交易凭证，凭借该凭证可以查询保险合约详细信息及状态。

保险合约执行，为保障保险合约执行的法律效力，保险合约在区块链中自动签章流转，完成流转的合约可以执行的合法订单。

（3）保险索赔服务

保费测算，用户投保时读取投保用户的用电容量、行业分类、负荷等级、电源数量字段，测算保费。根据停电起止时间、供电区域、投保方案自动计算理赔款。

理赔判断，由各类终端停/上电事件触发。依据停电数据、气象数据、报修工单判断是否理赔。

理赔执行，符合理赔条件的情况，以密文、分布式上链存储停电数据，精准计算理赔款，触发理赔指令。

（4）电力故障信息查询服务

故障日志管理，在保险交易运行过程中，需要对运行日志统一管理，当运行发生异常时，可以实现快速定位与及时处理。

报警管理，当发生运行故障时，支持短信或邮件通知的报警方式，为故障保单的出具与及时修复提供依据。

故障查询管理，发生电力故障后，需要进行故障发生原因查询，核实为保险理赔范畴内的故障，为理赔合约触发条件提供数据支撑。

5.6.4 应用场景

停电险是一种全新的产融结合的保险产品，针对用户故障停电损失无法得以补偿的痛点，利用供电企业独有的数据及用户资源的优势，应用区块链技术实现投保电力用户故障停电快速理赔，打造保险公司新业务拓展、供电企业服务升级、用户损失降低等多方共赢的商业模式，是构建互联网金融生态圈的重要尝试，对区块链技术在电力行业的应用具备示范样本意义。

停电险是利用区块链技术分布式存储、数据可追溯、难以篡改等特性，实现电力与保险数据共享应用；利用区块链的智能合约技术，创新保险行业传统赔付模式，不需要第三方审核，实现自动理赔。具体流程如下。

保险公司进行产品设计与发布，并向银保监会备案；用户通过国网商城 App 投保后，保险公司将业务受理数据记入区块链数据库中，同时供电公司将相关的计划停电信息和用户信息上传至区块链数据库中；当用户停电时，智能合约判断是否为故障停电，如果为故障停电则立即发送抢修工单至相应施工队伍，施工队伍组织抢修；恢复送电后系统自动触发理赔流程完成赔付，用户收到理赔款后，区块链平台进行信息发布，至此全部赔付流程结束。基于区块链的用户办电业务流程如图 5-39 所示。

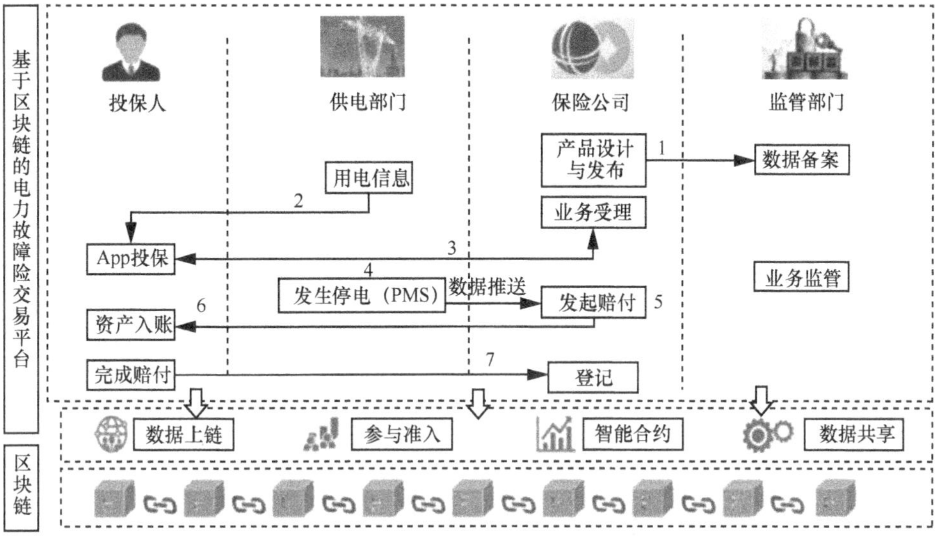

图 5-39　基于区块链的用户办电业务流程

基于区块链智能合约构建的自动理赔模式如图 5-40 所示，以故障停电跳闸信号和户主申请为智能合约的外部预置触发条件，当系统接收到外部条件时，可自动执行理赔程序，减少了人为参与可能带来的误操作，降低了时间以及运营成本，为用户提供更加快捷周到的服务。

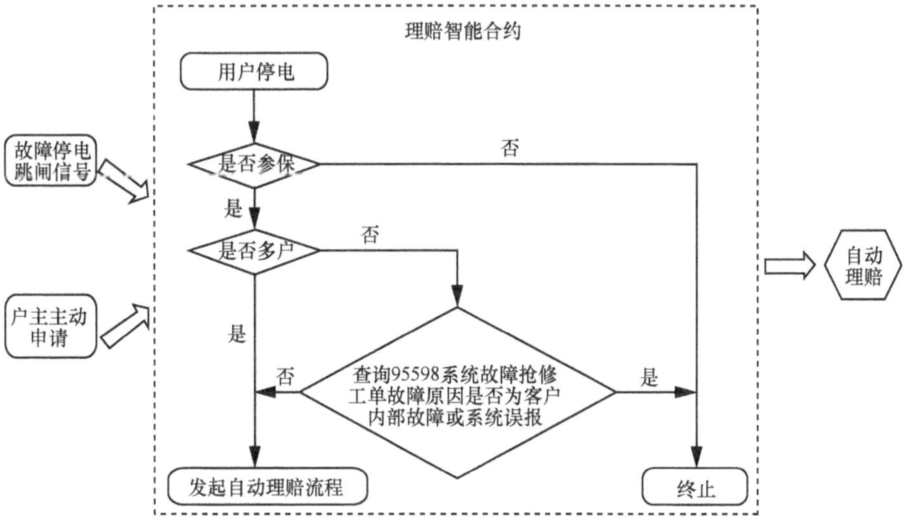

图 5-40　基于区块链智能合约构建的自动理赔模式

利用区块链技术，可支持投保电力用户故障停电自动快速理赔，升级供电企业服务，降低用户损失。电力用户投保以用电容量、行业分类等属性自动精准设置保险方案，将保险合同写入智能合约。理赔条件判断由各类终端停、上电事件触发，依据停电数据、气象、报修工单判断是否理赔。符合理赔条件的情况，以密文、分布式上链存储停电数据，精准计算理赔款，自动触发理赔指令。

5.6.5 建设成效

对于保险公司，实现承保盈利。通过提供故障停电险可以实现创新产品的保费收入，经过严格的精算和产品设计最终实现该险种盈利，为公司带来新的市场业务盈利增长点；节约运营成本，借助区块链技术，将保险合同设置为代码形式，自动采集停电时间，发生保险责任触发智能合约，自动按保险合同赔付，有效降低人力、物力等保险运营成本；延伸价值扩展。通过该险种的市场推广，树立保险公司品牌形象，扩大市场影响力，提升市场竞争力，增加新的业务机会，通过产融结合推动业务发展。

对于供电公司，降低服务成本。因用户停电损失得到一定理赔，用户不良情绪得到一定程度缓解，用户满意度提高，投诉风险下降，投入服务的人力等资源成本降低；获得售卖佣金，目前供电公司正在申报互联网金融销售资格证书，获得相关资质后，供电公司营销人员可参与代卖此产品，获得保险佣金；赚取平台佣金，作为平台搭建方，供电公司可收取区块链故障停电险平台使用方的佣金，通过产品落地后期可以获得保险销售佣金；共享保险获益，作为支撑该项保险的主要数据提供方，供电公司将通过一定方式与保险公司利益共享，如保险公司赠送供电公司电力设施险，家电赔偿损失险等目前需供电公司投保的险种。

对于电力用户，弥补停电损失。通过购买故障停电险，企业用户可有效缓解由故障停电带来的设备损坏、停电瞬间生产线产品报废、无谓劳动力成本等损失。居民用户可减少故障停电导致的停电损失。

5.7 物资解决方案

5.7.1 业务现状

供应链被看作由用户方、供应商、制造商、仓库、配送中心和物流商等构成的流通网络。物资供应链的核心是主体之间建立信任、协作协同，将原本松散的企业形成链条，将离散的链上信息整合。随着物资供应链涉及的范围越来越广，企业通过有效的链上管理协调自身和外部的资源，从而满足物资需求。

在物资供应链链条上资金流、信息流、实物流交互运行，协同难度极高，依靠核心企业人工协调的传统模式已经不能满足多元化、快速发展的物资需求。原模式下，核心企业虽然作为主导者存在于整个供应链管理体系中，但因其对供应链上、下游掌控范围有限，存在信息不对称和不透明问题，还存在信息可能被造假和篡改的风险，核心企业的供应链管理向上、下游延伸的难度大，对供应链上的资金流、信息流和实物流完全的整合和监控也存在难度[7]。

国家非常重视物资供应链创新与实践，2017 年 10 月 13 日国务院办公厅印发《关于积极推进供应链创新与应用的指导意见》（国办发〔2017〕84 号），文中指出牢固树立和贯彻落实创新、协调、绿色、开放、共享的发展理念，以提高发展质量和效益为中心，以供应链与互联网、物联网深度融合为路径，以信息化、标准化、信用体系建设和人才培养为支撑，创新发展供应链新理念、新技术、新模式，高效整合各类资源和要素，提升产业集成和协同水平，打造大数据支撑、网络化共享、智能化协作的智慧供应链体系，推进供给侧结构性改革，提升我国经济全球竞争力。

5.7.2 业务痛点

物资领域主要存在以下问题：现有的采购物资质量检测业务中存在的采购双方信息不对称，双方不能准确获得对方真实的产品信息、信用信息和交易记录；存在质量检测结果虚报、外部检测报告造假、分布式的上游供应商质量信息不透明难以追溯；供应商与采购企业之间针对质量问题出现互相推诿现象等一系列问题，导致采购单位难以确认采购产品质量，对供应商信用也无法进行准确的评价从而容易产生业务纠纷。

5.7.3 解决方案

为解决以上问题，企业开展基于区块链的物资征信服务平台建设，利用区块链技术自身分布式与数据不易篡改的特性，以及构建可信数据共享环境的特点，保证质量检测平台的信息保真度，实现质量检测信息的可追溯，降低采购物资质量信息虚假的风险，提升采购产品质量管控水平，对供应商服务质量进行有效评价。

围绕物资供应商信用评价的需求，设计基于区块链的物资征信服务平台。将物资供应商资质信息、物资产品质检信息、供应商合同履约信息上传至区块链中，利用区块链技术确保供应商信息的真实可信，为采购公司进行供应商信用评价提供数据支撑服务，实现对物资供应商的智能化管理与产品质量的精准把控[8]。

基于区块链的物资征信系统整体架构分为云基础设施、基于区块链的物资征信服务平台、应用建设 3 个层次。云基础设施支持云计算服务，同时也能够脱离云平台直接在物理机或虚拟机上部署和使用。系统技术架构如图 5-41 所示。

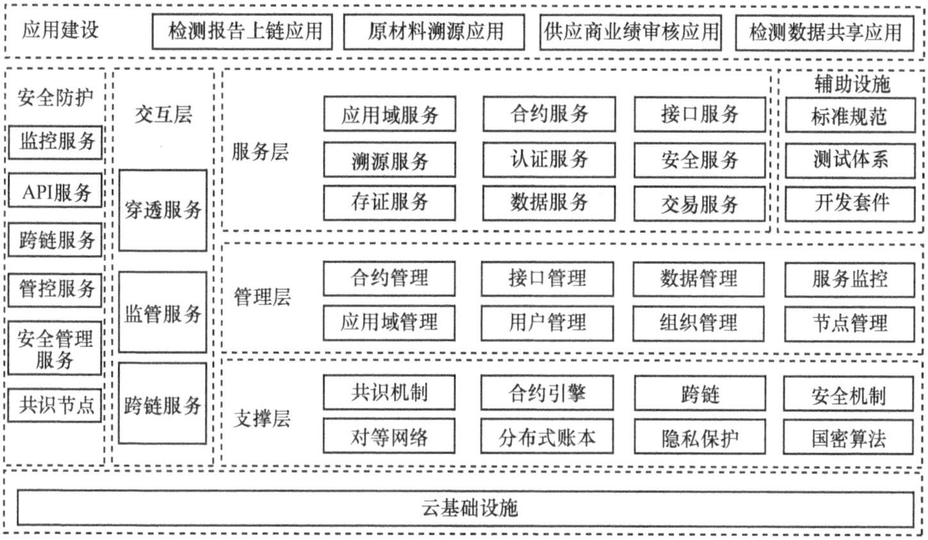

图 5-41　基于区块链的物资征信系统技术架构

基于区块链的物资征信服务平台分为支撑层、管理层、服务层、交互层、安全防护及辅助设施 6 个部分。支撑层提供基于区块链的物资质量管理系统链相关功能，包括共识机制、合约引擎、对等网络、分布式账本、跨链、隐私保护、安全机制、国密算法等区块链基础功能。管理层提供区块链的管理服务，包括应用域管理、合约管理、接口管理、用户管理、组织管理、节点管理等。服务层主要负责为业务应用提供支撑功能，主要包括存证服务、交易服务、数据服务、认证服务、安全服务、接口服务、应用域服务等，分别针对不同业务应用上链需求提供相应共性功能。安全防护提供安全管理服务，主要包括监控服务、跨链服务、安全管理服务等。辅助设施包括标准规范、开发套件、测试体系等。

开展基于区块链的物资征信系统建设可以提高质检数据可信度，区块链在单据、发票、合同文件等信息安全存储管理方面表现出强大的应用能力，将生产过程数据和检测数据上链，利用区块链分布式存储，实现质检过程透明化，保证质检数据多方主体信息一致。结合区块链防篡改特性，保障质检数据真实可信。通过建立区块链的上链报告校验平台，公司能够实现对采购物资质量的有效监控，提升产品质量管控能力[9]。

开展基于区块链的物资征信系统建设可以增强质量管控能力，基于区块链技术，质量管控人员能够从区块链获取可信的生产过程数据和检测数据，同时提供链上生产和质检数据的对比校验。根据对比情况，为管控人员提供有力的监管手段，质量管理人员可对该批次物资质量提供初步的判断。若对比存在质量问题，可通过区块链可追溯特性为管理人员提供追溯依据，便于管控人员能够快速找到产品存在的质量问题，避免不合格产品入库造成生产问题，提升物资质量管控能力。

开展基于区块链的物资征信系统建设可以减少二次质检比例，基于区块链技术将生产和质检数据存证与链上数据对比，很大程度上已经能够保障物资质量。公司可根据质检结果，减少二次质检比例，提升物资质量检测效率，避免不必要的物资质检投入。

开展基于区块链的物资征信系统建设可以提高业务效率，传统招标匹配业务依靠人工线下审核，效率低且存在审核错误的可能。面向供应商单位，利用区块链开展招标参数匹配场景建设，依靠区块链技术从链上获取供应商材料，保证供应商材料的可信度。结合区块链智能合约自动化执行特性，构建招标审核智能合约，实现供应商招标材料的快速审核，减少审核人员工作量，提高投标审核效率。通过建立区块链的招标参数匹配场景，电网公司能够提高招标采购业务处理效率。

开展基于区块链的物资征信系统建设可以提高招标数据可信度，基于区块链技术，在电网公司与供应商之间建立一个安全透明的信息平台。将招标过程中的关键信息和数据上链存储，维护招标文件的安全可信，同时将审核结果上链公示，杜绝审核结果被篡改，保证了公示数据的可信性，能够提升电网公司招标采购质量，促进招标业务的良性发展[10]。

开展基于区块链的物资征信系统建设可以扩大生态，通过构建基于积分的激励管理模式，吸引更多供应商/检测机构将质检报告上链存证，公司可基于链上存储的大量可信质检数据支撑供应商进行信用评估、物资采购等相关业务研究。并将供应商信用评估数据面向社会各机构受控开放，助推征信业务发展。如电网供应商信用评估数据开放给金融机构、政府部门等进行深度分析和创新研究，促进征信业务发展，实现多方共赢，充分展现电网公司在推动社会进步方面的责任与担当。

5.7.4　应用场景

基于区块链的物资征信服务平台，可以结合电网公司物资类业务开展应用，具体可以在供应商信息动态评估、供应商合同履约、产品质检管理等领域提供配套服务，如图 5-42 所示。

图 5-42　基于区块链的物资征信服务平台

平台主要分为底层区块链服务平台和上层业务应用，如图 5-43 所示。区块链服务平台主要提供区块链基础功能，业务应用包括数据上传、质检管理及质检统计等功能。平台具备分布式账本、点对点通信等区块链完整基础能力；具备节点自动部署、合约部署、共识算法插拔等特性能力；具备身份认证、数字签名、数据加密等安全性保障；满足平台型应用在多租户、多请求条件下对性能、稳定性等方面要求；为保证系统数据安全，针对不同级别、不同粒度的角色进行权限控制，使对应到不同角色的账号权限与职责清晰，保证用户在链上的活动行为可控。

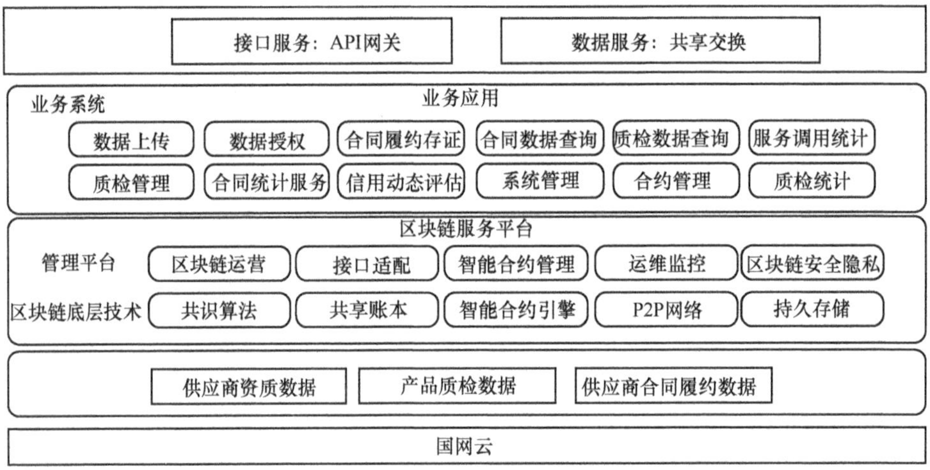

图 5-43　基于区块链的物资征信平台构成

上链请求数据由电网公司、质检所（产品质量监督检验所）、其他检测机构及电科院内部变压器质量检测服务平台通过省公司外网的共识服务节点对上链数据进行共识，将验证通过的数据经过内、外网穿透装置存储到省公司内网的共识数据库；链上数据查询结果经省公司内网数据服务节点将展示信息穿过内、外离装置写至外网数据存储服务器，省公司外网数据服务节点获取返回信息并展示给用户。

上链报告校验通过将物资生产过程数据和检测过程数据上链，利用区块链分布式难以篡改的特性，保证物资生产、检测到入库全过程的数据可信共享，杜绝了供应商生产过程中低成本篡改生产数据的可能。

5.7.5　建设成效

通过建立基于区块链的物资征信服务平台，电网公司能够实现对采购产品质量进行有效监控，确保产品质量安全，全方位提高物资供应链管理的质量和效率。基于区块链技术，在电网公司与供应商之间建立一个安全透明的信息平台。将物资质检过程中的关键信息和数据上链存储，实现电网公司、供应商、检测机构之间的信息一致，维护多方主体间的信任关系，提升电网公司采购的产品质量，为电网公司提供强有力的监管手段，实现电网公司对供应商的信用评价，提升供应商企业与电网公司的信任关系，促进整个供应链的良性发展。将供应商信用评估数据面向社会各机构受控开放，助推供应商征信业务发展。如将电网供应商信用评估数据开放给金融机构、政府部门等进行深度分析和创新研究，促进征信业务发展，实现多方共赢。

5.8　需求侧响应解决方案

5.8.1　业务现状

我国能源电力将在规模、结构、布局等方面不断转型发展，能源体系发生重大变化，主要体现在以下方面：负荷中心与新能源分布严重不均衡，加之新能源出力的随机性和波动性，未来电力平衡呈现明显的空间、时间不均衡；常规机组被大量替代，导致未来电力系统动态调节能力严重不足。因此，开展需求侧响应业务可以实现资源优化配置和资源利用效率的提升，促进清洁能源消纳，引领电网运行控制向智能互动模式转变。

2019 年 10 月 24 日，习近平总书记在主持中共中央政治局第十八次集体学习时强调：要把区块链作为核心技术自主创新的重要突破口，加快推动区块链技术和产业创新发展。区块链具有难以篡改、可追溯等特点，能够实现数据可信共享、优化业务流程、降低运营成本等应用价值，因此将区块链应用到电力需求侧响应有迫切的需求，对满足需求侧用户的互信需求和提高用户参与水平有着重要意义。

5.8.2 业务痛点

需求侧响应是指在用电高峰或者低谷期，通过经济激励让用户少用电或者多用电，实现电网的发用电平衡。目前主要的经济激励方式是补贴，通过需求响应的负荷数据确定补贴额度。现阶段需求侧响应缺乏主观能动的响应机制，光伏补贴存在申领流程烦琐、信息不透明等问题。

当前该业务存在以下问题：电表不显示响应负荷数据，而且最终在能源局网站公示的响应量也只有总响应量，用户无法快速方便获知实际响应的 15 min 级负荷数据，用户无法及时核对实际响应量，事后更无法核实；所有响应数据都由电网公司提供，监管部门对数据来源缺乏有效监管手段，电网公司无法自证清白，导致业务执行存在困难。

5.8.3 解决方案

能源互联网概念的提出，为实现末端能量单元的无差别接入和分散能量交易提供了相应的技术支撑平台，需求侧响应作为未来生产消费者中重要的可控资源，是实现系统供需协同互动、提高末端用户与系统交互水平、保证用户与系统效益协同的重要手段。针对需求侧响应这种虚拟资源，基于区块链技术构建分散化的交易平台，将能够实现对需求侧响应的无中心定价和 P2P（Peer to Peer）交易，从而能够进一步提高用户需求侧响应的参与度，促进需求侧响应在未来能源互联网中的应用。

在能源互联网背景下，多能源互联系统的构建以及多能源市场的建立使得现有的需求侧响应模式将逐步改变，传统需求侧响应将逐渐向综合需求响应方向发展。综合需求响应是用户基于系统末端的多能源置换设备以及电力市场、天然气市场、碳市场等多类型能源市场价格信号，是对自身用电行为的调整和优化，其基本框架如图 5-44 所示。

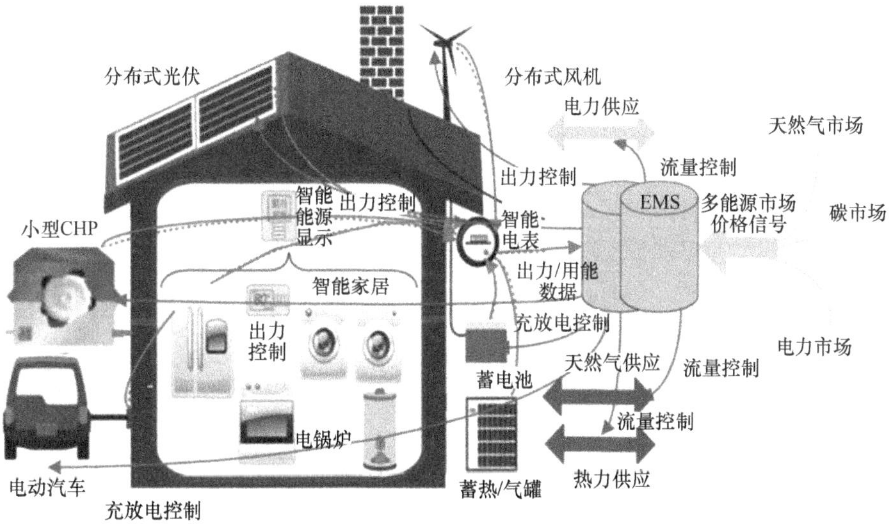

图 5-44 综合需求侧响应的基本框架

由此可见，随着用户侧分布式光伏、储能、储热以及电动汽车等能量单元的接入，用户从单向的消费者逐渐变为生产消费者。用户侧的可控资源也不再仅仅包含智能家居可调控负荷，能量生产单元的接入使得用户成为了具有双向调节能力的“虚拟能量单元”。综合需求响应能够基于系统或者市场的激励信号，通过用户侧的能量管理系统（Energy Management System，EMS）对这种双向能量单元进行控制。因此，综合需求侧响应下用户对系统所表现的用能特征是其不同类型能量生产和消费单元自平衡后的综合表现。用户侧可控资源和调节裕度的增加，使得综合需求响应资源对协调系统中多类型能源供需平衡，提高系统运行经济性、可靠性以及灵活性具有重要意义。

（1）功能架构

功能架构由数据层、引擎层、服务层、应用层组成，如图 5-45 所示。其中，数据层采用分布式存储方式；引擎层主要封装了网络节点的共识引擎、智能合约引擎、监控引擎和区块构建引擎；服务层是应用层的底层支撑，包括用户管理、区块链展板、年度响应合同管理、邀约发布管理、响应确认、响应执行管理、补贴结算；应用层是基于服务层的上层应用，主要面向需求侧响应业务开展。

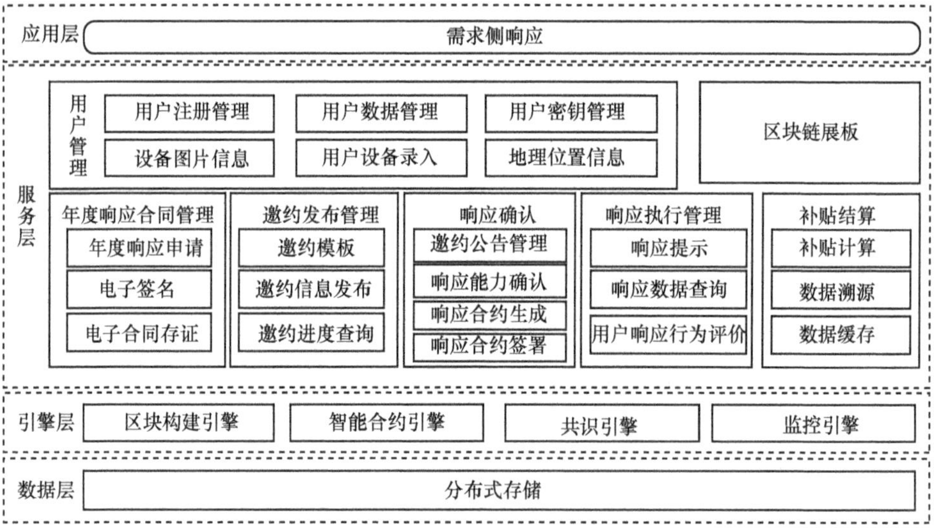

图 5-45　基于区块链的需求侧响应平台功能架构

（2）技术架构

基于区块链的需求侧响应平台技术架构由基础平台、数据层、通信层、引擎层、功能层、应用层和接入层组成，如图 5-46 所示。各层核心组件均为国网统推组件，便于与已有业务系统集成。

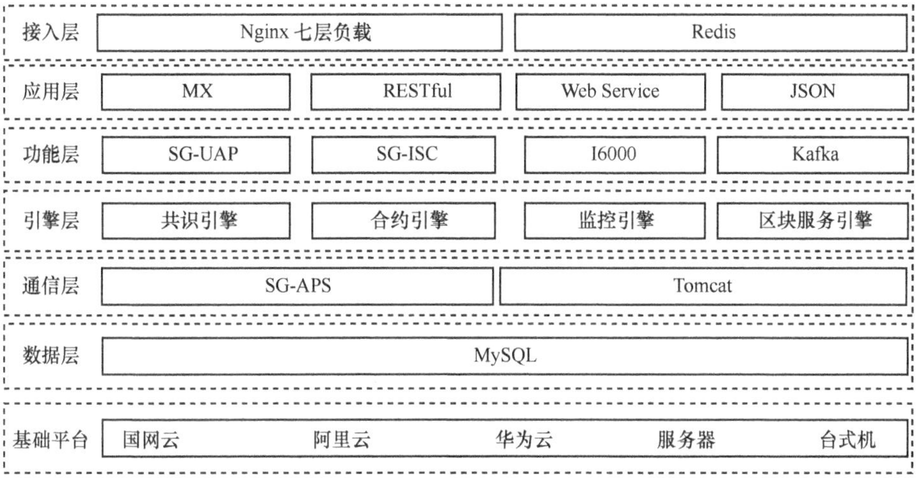

图 5-46　基于区块链的需求侧响应平台技术架构

（3）应用架构

基于区块链的需求侧响应平台应用架构是需求侧响应系统利用区块链技术深化的应用架构，包括用户管理（用户注册管理、用户数据管理、用户密钥管理、设备图片信息、用电设备录入、地理位置信息）、区块链展板、年度响应合同管理（年度响应申请、电子签名、电子合同存证）、邀约发布管理（邀约模板、邀约信息发布、邀约进度查询）、响应确认（邀约公告管理、响应能力确认、响应合约生成、响应合同签署）、响应执行管理（响应提示、响应数据查询、用户响应行为评价）、补贴结算（补贴计算、数据溯源、数据缓存）等功能，如图 5-47 所示。

综上所述，未来要实现综合需求侧响应资源在分散能量市场中的交易，必须依托于能够实时进行信息交换并且根据系统和市场信息进行自优化的能量管理系统（Energy Management System，EMS）和分布式的用能信息存储系统，能够对系统和市场信息进行反映，根据以往的综合需求侧响应资源交易信息，实现对自身用能行为的优化和最优的市场行为策略选择；同时需要在区域能源互联网层面上，构建分散化的综合需求侧响应资源交易平台。由于配网层面节点较多，如果仍沿用电力批发市场中运营和交易模式，未来能源互联网中较多的潜在交易节点可能会造成较大的市场运营成本，包括市场主体注册、交易信息发布、市场管理以及价格出清等所带来的成本。因此，未来综合需求侧响应的交易平台要具有自主交易结算的功能，减少 DSO（配电系统运营商）或者区域能源互联网系统运营商在市场交易结算和票据管理方面的压力，降低分散电力市场的运行成本。

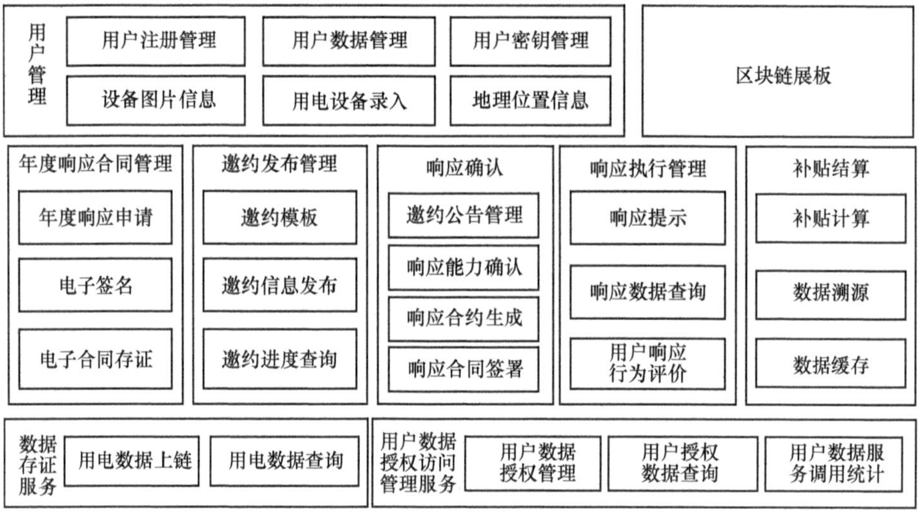

图 5-47 基于区块链的需求侧响应平台应用架构

5.8.4 应用场景

利用区块链技术公开透明、多方共识、不易篡改等特性，构建基于区块链的需求侧响应平台，电网侧发布节电计划，用户侧按需进行主观能动响应。通过将实时负荷数据上链，相关利益方实现数据的一致性与可信共享，同时支持用户对历史数据明细的查询与校验。

依托基于区块链的需求侧响应平台，可以消除用户对响应数据的质疑，电网公司能够自证清白，能源局实现有效监管，节约监管成本，提升监管效率，如图 5-48 所示。

图 5-48 基于区块链的需求侧响应系统优势

利用区块链技术进行需求侧用户的表计数据上链存储，在参与需求侧响应的多个参与方之间共享用户用电信息，可根据自身的需求随时查询指定用户的用电数据记录，提供可信的数据源，提高用户主动参与的积极性与活跃度。

在基于区块链的需求侧响应系统中，用户可根据响应情况填报补贴申请，生成响应合约并由各个参与方完成合约的共识及存储，最后由平台自动完成合约的执行。基于区块链的需求侧响应系统日实时负荷表如图 5-49 所示。

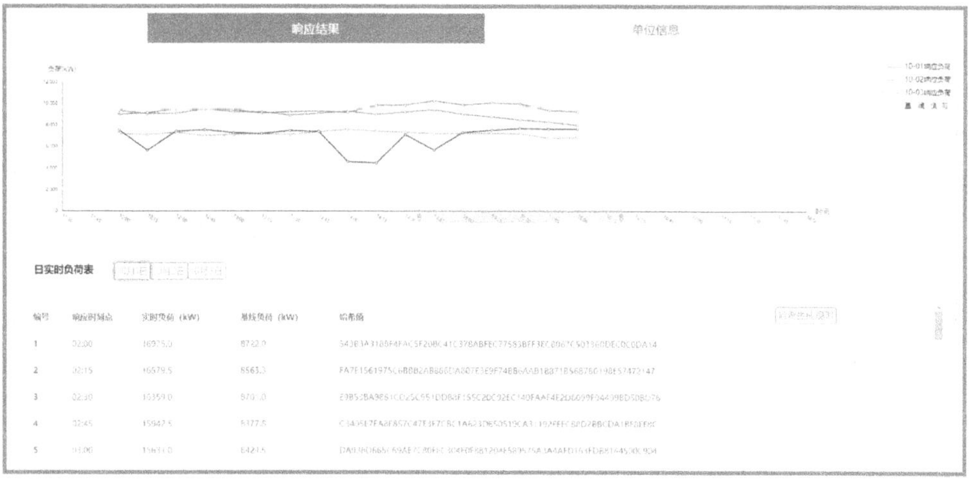

图 5-49 基于区块链的需求侧响应系统日实时负荷表

电力需求侧响应是在用电高峰期通过补贴或者价格激励的方式让用户

减少用电来减轻供电压力的，用电低谷期通过补贴或者价格激励的方式鼓励用电。目前，主要通过补贴的方式，部分省市在积极开展市场竞价方式。当前需求侧响应，通常由电网公司事先采用电话方式与用户进行沟通，就时间和节电阶段达成一致后，由用户当天完成节电行为。即大多由电力公司主导，还未形成主动需求侧响应的生态，存在亟须解决的痛点，具体流程如图 5-50 所示。

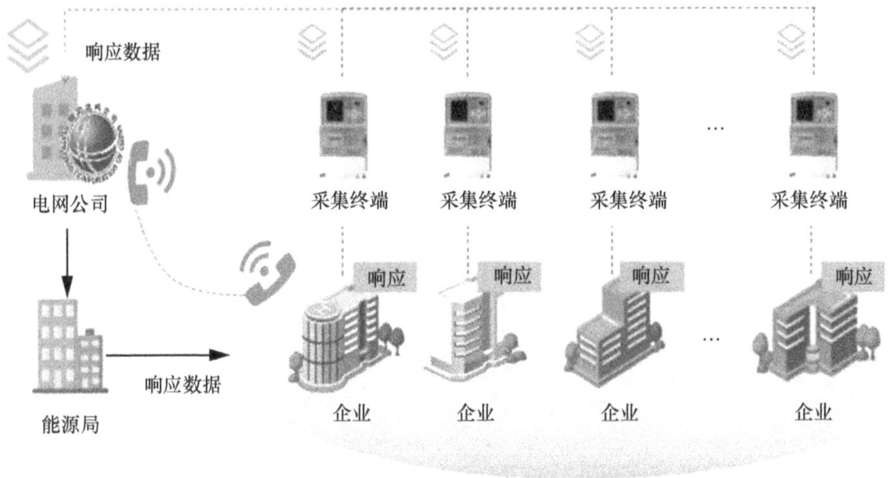

图 5-50　需求侧响应流程

利用区块链技术公开透明、多方共识、不易篡改等特性构建基于区块链的需求侧响应平台，电网侧发布节电计划，用户侧按需进行主观能动响应，如图 5-51 所示。通过将实时负荷数据上链，相关利益方实现数据的一致性与可信共享，同时支持用户对历史数据明细的查询与校验。其优势在于，基于区块链的需求响应数据多方共享，从根本上解决了需求响应采集数据的信任问题；基于区块链的需求响应市场监管，降低监管成本，提升监管效率；基于区块链的电子合同，实现第三方数据存证，提升公信力，确保电子数据的安全可信。

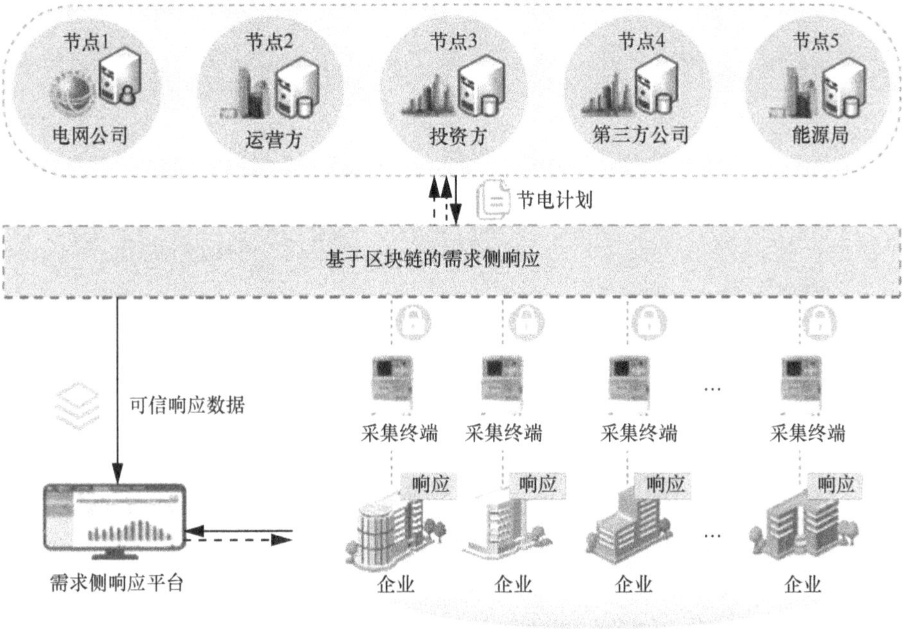

图 5-51　基于区块链的需求侧响应流程

依托基于区块链的需求侧响应平台，可以消除用户对响应数据的质疑，电网公司能够自证清白，能源局实现有效监管、节约监管成本、提升监管效率。发布节电计划，在节省定向主动沟通成本的同时，提高响应撮合度，有效实现移峰填谷，优化电力资源配置；针对需求响应数据，提取一定比例的抽成；响应侧变被动响应为主动选择，在获得响应补贴的同时提高响应能动性及参与积极性；可以实现平台上资源的实时透明全局监控，实现多方受益与共赢。

利用区块链技术进行需求侧用户的表计数据上链存储，在参与需求侧响应的多个参与方之间共享用户用电信息，可根据自身的需求随时查询指定用户的用电数据记录，提供可信的数据源，提高用户主动参与的积极性与活跃度。在基于区块链的需求侧响应系统中，用户可根据响应情况填报补贴申请，生成响应合约并由各个参与方完成合约的共识及存储，最后由平台自动完成合约的执行。

5.8.5 建设成效

通过该系统建设，利用区块链技术天然具备的去中心化、可追溯、公开透明等特性，提供自主、安全、可信、对等的交易环境，促成电力生产者、电力消费者、电网上下游企业等共同建设并维护一个公平、公正、共享、共赢的可信数据共享平台，有效提高区域能源数据的安全性、透明性和可追溯性，为电力用户提供更加经济、公平和透明的安全可信服务，有效支撑上层需求侧响应深化应用。构建基于区块链的需求侧响应深化应用，实现电子合同存证管理、邀约发布管理、响应确认管理、响应执行管理、补贴计算管理等业务，解决现有需求响应业务交易环节，大幅提升业务处理效率。针对能源行业复杂多变的市场环境，通过构建基于区块链的需求侧响应深化应用，利用区块链难以篡改、可信共享等特性使得电网公司在共享数据时，有效消除用户对数据质疑的情况，使得电力企业能够自证清白并提升监管部门的监管效率。

5.9 智慧园区解决方案

5.9.1 业务现状

综合能源服务在能源行业践行改革、优化体制机制、拓展用户服务及优化能源生产方面拥有发展机遇。2019 年 10 月 24 日，习近平总书记在主持中共中央政治局第十八次集体学习时强调:“区块链技术的集成应用在新的技术革新和产业变革中起着重要作用，我们要把区块链作为核心技术自主创新的重要突破口，明确主攻方向，加大投入力度，着力攻克一批关键核心技术，加快推动区块链技术和产业创新发展。”2020 年中央一号文件《关于抓好“三农”领域重点工作确保如期实现全面小康的意见》中指出：依托现有资源，加快物联网、大数据、区块链、人工智能等现代信息技术在重点领域的应用。国家能源局《关于进一步深化电力体制改革的若干意见》指出，积极发展分布式电源。采用“自发自用、余量上网”的运营模式，提高系统消纳能力和能源利用效率。

5.9.2　业务痛点

以云南某工业园区为例，园区属于 10kV 大工业用户，每月由园区按照电费结算单与电网企业进行电费结算。现园区已具有光伏电站，其年发电量高于园区年总用电需求。存在的业务痛点：光伏补贴不到位，资金回笼周期长；园区企业用电成本高，招商引资竞争力不强；园区信息化条件无法满足智能化需求。

5.9.3　解决方案

为解决上述业务痛点可改变上网模式，采用自发自用与余量上网相结合的方式；引入储能技术进一步实现削峰填谷，同时减少弃光率；构建基于区块链的分布式能源管理与交易系统。

通过储能在用电高峰时段释放能量。智慧综合能源产业链如图 5-52 所示。

根据 2018 年 12 月—2019 年 8 月的园区负荷、光伏出力以及两者叠加的时序图（如图 5-53 所示）可知，园区负荷需求相对比较稳定，工作日略高于周末，节假日明显偏低。白天园区光伏出力明显高于负荷需求，光伏大部分时间处于过剩状态；而在夜间，需要由供电公司提供电力满足园区负荷用电需求。根据园区历史的负荷与光伏叠加曲线，最大需量的值不超过 707kW，且出现的时长仅在 1h 左右，通过储能在高峰时段释放能量，可以降低最大需量，故可以将储能功率设置为 250kW，充电时长为 4h。

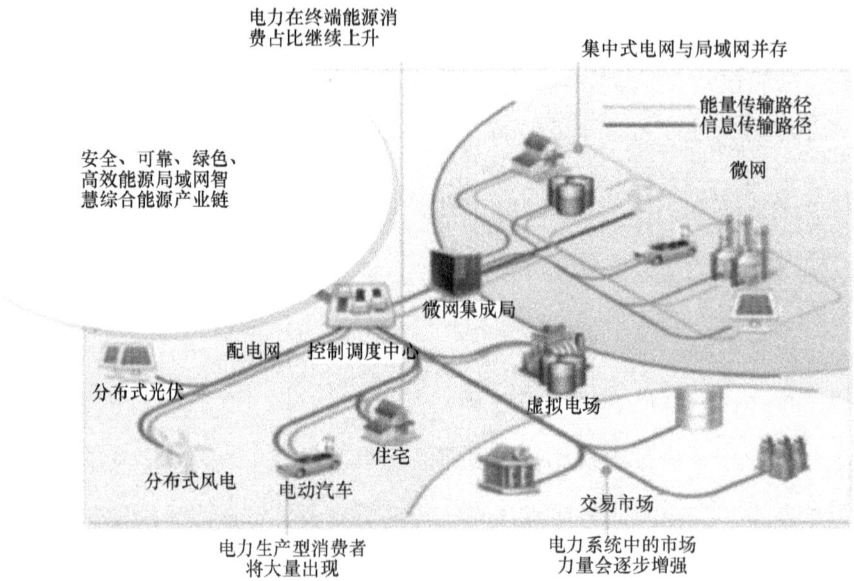

图 5-52　智慧综合能源产业链

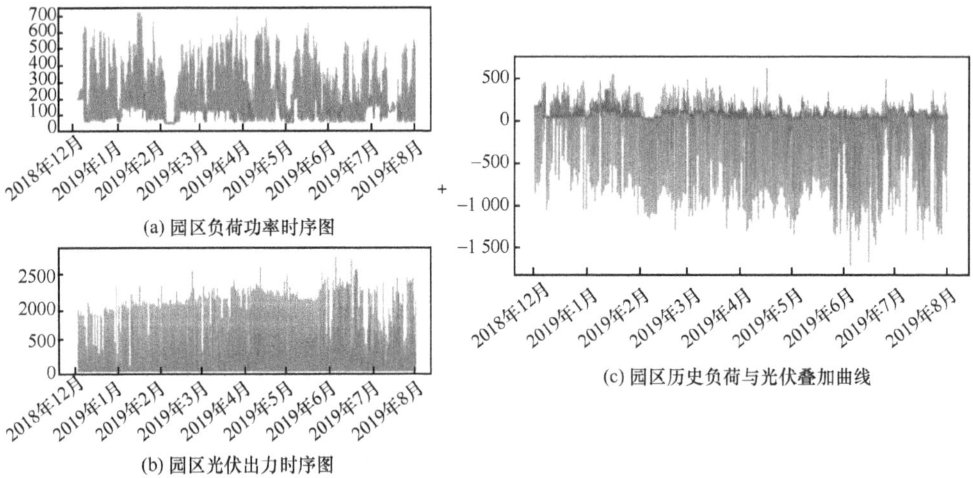

图 5-53　园区负荷、光伏出力以及两者叠加的时序图

通过园区电池能源管理系统调度园区光伏和储能设备的电力和电量，提升园区清洁能源消纳能力。其中，储能设备主要采用削峰填谷运行模式，降低园区峰荷期最大需量。

5.9.4 应用场景

通过采用“光伏余量上网+储能”的园区用电方案，研发基于区块链的园区分布式能源管理与交易系统，构建稳定且易于扩展的区块链服务，并在智慧园区电力交易场景中完成试点验证，削减通信基建成本和人力成本开支，增加盈利，降低园区内企业用能成本。采用“链+业务功能+综合能源功能”优化提升方式展开；利用区块链技术实现数据的多方存证与结算过程可信；对综合能源管理功能进行优化提升，实现综合能源管理平台精细化管控。平台功能架构如图 5-54 所示。

园区用户设备管理主要为园区用户对发/用电设备的绑定与设备信息的查看。当园区用户在基于区块链的园区分布式能源管理与交易系统上完成用户注册后，即可在设备管理功能中完成设备绑定。在功能执行过程中，需要先读取设备终端的信息，根据设备的接入协议对设备终端进行解析，设备接入后读取终端内电表信息，并由园区用户绑定电表号，实现电表与用户的绑定，根据用户的权限信息限制电表以及设备终端的访问权限。计量数据上链存储主要为将计量设备的数据上链存储，确保计量数据真实、可信。当园区用户完成设备绑定后，系统接口适配层依据硬件外设接入协议对设备进行解析，实现设备与系统间通信，从而获取计量数据，并将计量数据存储到区块链上，由共识节点完成计量数据可信存储。同时，园区用户可通过计量数据监控功能查看绑定设备的计量数据，便于用户对计量数据进行实时监控。园区用户信息管理主要为园区企业提供用户信息、用户账单及电量统计情况的查询。用户信息管理主要为用户提供查询、修改和完善个人信息的功能。用户账单管理主要为用户提供查看个人账单的功能，包括当前账户余额、总收入金额、总消费金额以及往期账单及明细。用户电量统计主要为用户提供电量统计及查询的功能，用户能够查看到当前电量、总运行时间、发电电量、购进电量及出售电量等情况。

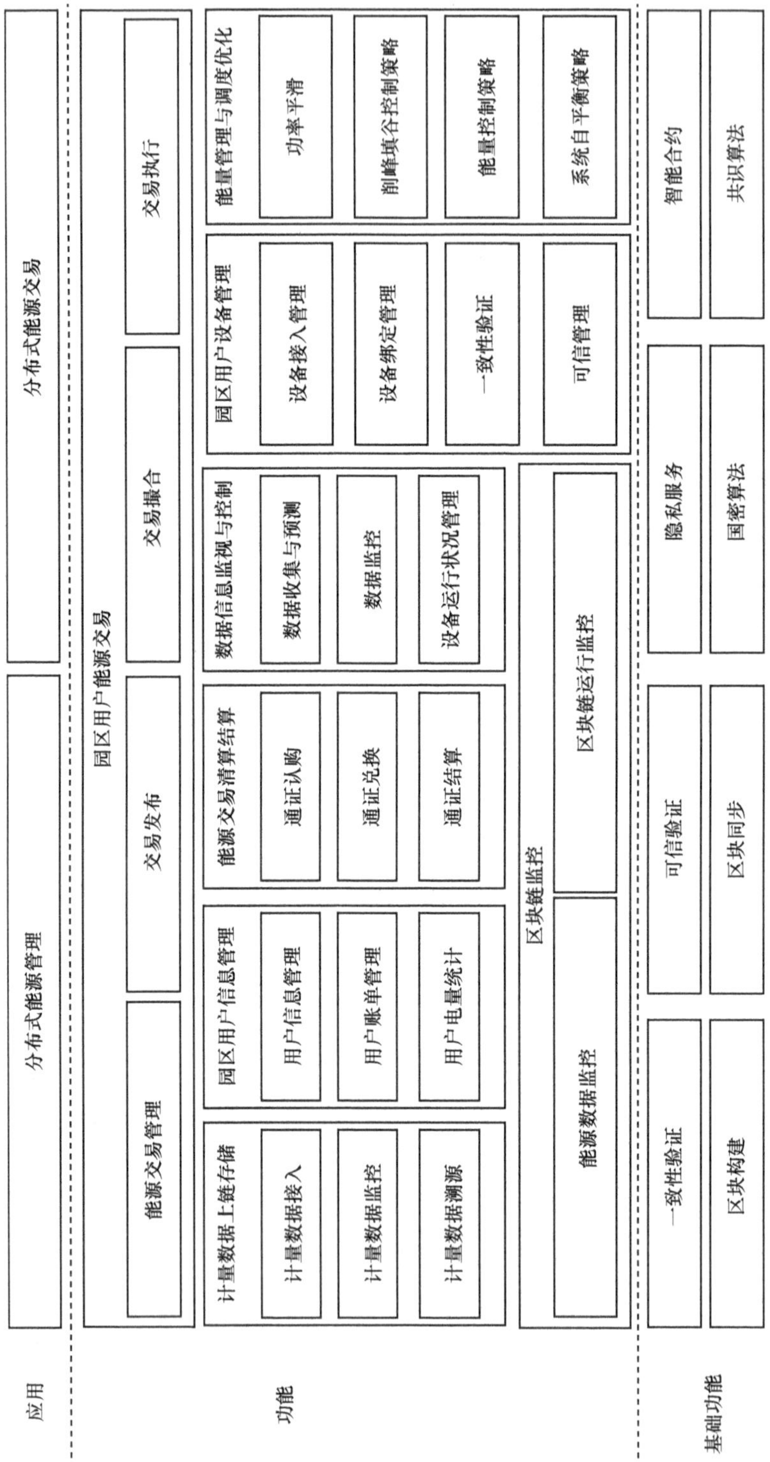

图 5-54 系统平台功能架构

园区用户能源交易主要为园区用户提供能源交易服务，包括交易发起、交易撮合与交易执行 3 个部分。园区用户可根据实际需求填写能源交易的基本信息，完成交易的创建，并将其发布至平台中。平台中的用户可以查看所有能源交易信息，并根据实际情况筛选可达成的交易。当交易双方明确交易意向并通过区块链的共识验证后，即可完成交易撮合的确认工作。最后，对于达成交易的用户双方，将交易信息生成智能合约，满足交易条件后，将触发智能合约自动完成交易执行。能源交易清算结算主要为园区用户提供基于通证的交易清算、结算功能，主要包括通证认购、通证兑换与通证结算 3 个部分。园区购电用户需要事前认购充足的通证保证支付所需电量；售电用户则需要将电量申请为等额的通证，以支持电量售卖和结算。园区用户购电时，可以使用账户中的通证完成所需电量的购买。当交易完成后，售电方将获得通证所有权，购电用户的计量表计中将增加等额的电量。数据信息监视与控制主要为系统管理员提供能源数据监控与区块链运行监控功能。系统管理员可通过能源数据监控管理，查询能源历史交易与当前能源使用情况。通过区块链运行监控实现对整个区块链状态的实时监控，可以查看当前区块链的运行时间、主链长度、交易数量、当前区块高度等信息，并能够查看最近生成的区块信息，完成对区块链系统的实时动态监控。

设备接入管理，为实现设备与系统之间的正常通信，需要先连接一个设备终端使得系统与外部设备有一个交互的通道，系统通过此通道读取外部设备的信息，完成设备的添加。设备绑定管理，为实现设备对系统资源的有效访问，当终端设备接入系统后，需要研究设备对系统资源的访问权限。拟通过用户与设备绑定的认证手段对终端设备是否有权利访问系统资源进行认证，同时通过鉴权确定终端设备可访问资源的界限[11]。用户找到自己的设备并绑定成功后将信息发送至区块链网络。一致性验证，用户与外部设备绑定信息发送到区块链网络中，每个节点都会对此信息进行投票验证，由主节点收集投票信息，判断此信息是否通过验证，如通过验证，则主节点向所有节点广播此信息是合法的，可以进行存储，其他节点则将此信息存储至区块链系统中，完成一致性验证。可信管理，设备在存储至区块之前对设备信息进行的一个可信验证，即在共识过程中对设备信息的设备出厂编号、设备功能等信息进行的一个验证，进行完共识过程之后，终端设备接入的一致性判断出现差异时，系统会发出设备接入切换请求。

计量数据接入，针对设备接入过程进行分解，实现设备与系统之间的正常通信，当终端设备接入请求时，设备需要通过系统提供的接口与系统平台通信，因此需要对硬件外设接入协议进行研究，使得系统接口适配层依据硬件外设接入协议对设备进行解析，实现设备与系统间通信，从而获取计量数据。计量数据监控，计量数据监控功能主要展示接入设备的计量数据，用户可以查看采集时间、计量数据以及对应的终端设备编号等信息，便于用户对计量数据实时监控。计量数据溯源，在区块链系统中，为保证数据的可靠性以及数据安全，需对数据的来源进行溯源查询，即可以根据计量数据中的唯一标识查询产生该数据的电表终端，一旦发现异常信息可以快速地定位以及处理。

用户信息管理，主要为用户提供查看个人信息的途径，当用户注册账户时，系统将分配一对公私钥给该用户。系统通过对公私钥的管理来管理用户，当用户登录系统时，系统会根据用户注册时填写的账户及密码验证用户的身份。身份验证通过后，用户即可访问交易账户管理页面查看注册时填写的个人基本信息。同时，用户可以在用户信息管理页面中，对个人信息进行修改和完善。

用户账单管理，主要为用户提供查看个人账单的功能。当用户登录系统并通过身份验证后，即可访问用户账单管理页面。在用户账单管理页面中，用户能够查看到当前账户余额、总消费金额以及往期发生的所有账单及明细。

用户电量统计，主要为用户提供电量统计及查询的功能。当用户登录系统并通过验证后，即可访问用户电量统计页面。在用户电量统计页面中，用户能够查看当前电量、总运行时间、发电电量、购进电量及出售电量等。为使用户对个人电力交易情况有全面的了解，在用户电量统计页面中，用户能够查询当前登录账户中所有有关电力交易的账单明细。同时，用户还可以查看当前账户发电电量、购进电量等统计分析图。

用户数据授权管理，为了有效促进数据流通，提升数据价值，平台为用户提供数据授权功能，用户可以授权区块链中的其他用户查看自己的数据。同时，为便于用户更好地管理数据访问权限，保障数据安全，用户可以在授权时规定访问数据的期限。用户授权数据查看，在用户授权的有效期内，已获授权的用户可通过调用接口的形式访问对用户开放的部分数据，当用户删除授权或有效期截止后，用户将无法继续访问数据。数据服务调用统计，将对链上节点调用数据接口的次数进行统计，便于用户查看各个授权用户对该数据的调用次数、调用时间等信息。

根据综合能源服务需求，有效促进智慧能源服务平台的应用部署，增强平台应用成效的用户体验，集中展示各个功能模块的特色，形成面向公司领导、政府机构、重点用户的分布式能源管理与交易服务平台展示窗口和业务能力体现页面。

5.9.5　建设成效

通过该系统建设，园区实现了运营模式转变。采用“光伏余量上网+储能”的园区用电方案，进一步优化了园区的用电特性，降低了园区最大需求量水平，有效降低园区内企业的用能成本，提高园区收益；采用区块链的技术解决方案，在分布式环境下提高能源交易双方参与度、构建安全可靠的交易环境，可提升能源消纳效率以及确保信息安全可信流转。后续园区大规模接入可采用以点带面，实现“1+N”业务模式，建设 1 个综合能源服务管控平台，开展 N 个综合能源服务项目，实行“1+N”发展模式，逐步拓展业务能力。前期靠自身经营项目向平台引流，接入更多用户用能数据，后期将实现园区级综合能源服务各种能源协同和互动，具有很强的示范和推广意义。

随着越来越多新业务的诞生，创新商业模式将逐一显现。目前逐步拓展的能源新模式如能源托管模式，不同于现有的合同能源管理模式，它能够解决用户用能管理杂乱和低效的问题，在未来具有很大的发展空间。就重资产项目而言，可采用“建设—出售—运营”（BSO）创新模式，降低投资风险。BSO 模式指能源电力企业等开发主体完成项目建设后，将项目公司的全部或部分股权出售给机构投资者，并与机构投资者签订长期运维合同。截至 2016 年年底欧洲主要能源电力企业通过此模式获利超过 10 亿美元。

新型能源管理系统可推动综合能源服务生态圈建设，打造跨界融合、信息互通、资源成果共享的发展生态，培育综合能源服务市场。未来可以开展综合能源服务相关技术合作，研发重点技术，推动技术融合，引领综合能源服务技术创新，促进政府部门相关政策落地，加快改革能源重点领域体制机制，加快制定综合能源服务产业规划，加快出台综合能源服务产业政策，推动综合能源服务规模化、产业化发展。

5.10 小结

本章仅对 9 个典型场景展开介绍，但不代表区块链在其他场景无用武之地。作为新一代信任基石，只要存在不可信的需求，就有区块链应用的可能，需要各方共同探讨、积极实践，在实现绿色生态的道路上充分发挥区块链的价值。

参考文献

[1] 王冰钰, 颜拥, 文福拴, 等. 基于区块链的分布式电力交易机制[J]. 电力建设, 2019, 40(12): 3-10.

[2] 颜拥, 周自强, 涂莹, 等. 基于区块链的电力数据保全应用研究[J]. 浙江电力, 2019, 38(7): 63-69.

[3] 赵波, 李鹏, 童杭伟, 等. 从分布式发电到微网的研究综述[J]. 浙江电力, 2010, 29(3): 1-5.

[4] 赵哲. 基于区块链的档案管理系统的研究与设计[D]. 合肥: 中国科学技术大学, 2018.

[5] 李良旭. 区块链技术在数字版权中的研究与应用[D]. 北京: 北方工业大学, 2018.

[6] 李静元, 范祥辉, 王颖. 基于区块链的共享经济隐私保护机制的设计[J]. 计算机应用与软件, 2019, 36(1): 296-301.

[7] GUO S Y, HU X, GUO S, et al. Blockchain meets edge computing: a distributed and trusted authentication system[C]//Proceedings of IEEE Transactions on Industrial Informatics. Piscataway: IEEE Press, 2020, 16(3): 1972-1983.

[8] GUO S Y, WANG F N, ZHANG N, et al. Master-slave chain based trusted cross-domain authentication mechanism in IoT[J]. Journal of Network and Computer Applications, 2020(172): 102812.

[9] GUO S Y, HU X, DONG G S, et al. Mobile edge computing resource allocation: a joint Stackelberg game and matching strategy[J]. International Journal of Distributed Sensor Networks, 2019, 15(7): 155014771986155.

[10] YU Z, YAN Y, YANG C, et al. Design of online audit mode based on blockchain technology[J]. Journal of Physics: Conference Series, 2019(1176): 042072.

[11] YU Z, DONG A Q, WEI X, et al. Hybrid chain based hierarchical name resolution service in named data network[M]//Security with Intelligent Computing and Big-data Services. Cham: Springer International Publishing, 2019: 629-637.